W0176939

Das Buch

Was geschieht nach dem Tod? Sind Seele und Bewusstsein unsterblich? Und liegt unserem irdischen Dasein ein höherer Plan
zugrunde? Seit seiner eigenen Nahtoderfahrung wurde die Erforschung des Jenseits zur Lebensaufgabe des Neurochirurgen
Dr. Eben Alexander. Mit *Vermessung der Ewigkeit* lädt er nun
zu einer einzigartigen Erkundungsreise auf die »andere Seite«
ein: Aufbauend auf neuesten wissenschaftlichen Erkenntnissen,
berührenden Erfahrungsberichten und auf den Einsichten der
großen Weisheitslehren führt Eben Alexander in Bereiche, die
weit über Raum, Zeit und Materie hinaus weisen. Seine bewe-
gende Botschaft: Unser jetziges Leben ist nur ein kleines Kapitel
in einer viel größeren Geschichte – der spirituellen Entwicklung
des Universums. Und unsere unsterbliche Seele ist jederzeit Teil
dieser Entwicklung. Ein Buch, das zeigt, wer wir wirklich sind
und was unsere wahre Bestimmung ist.

Die Autoren

Dr. med. Eben Alexander ist Neurochirurg mit 25-jähriger
Berufserfahrung, u. a. an der *Harvard Medical School,* Boston.
Mit über 150 wissenschaftlichen Artikeln als Autor und Koautor
sowie über 200 Vorträgen auf medizinischen Fachkongressen
erwarb er internationales Renommee. Im November 2008 er-
krankte er an bakterieller Meningitis und fiel für sieben Tage ins
Koma. Seine Nahtoderfahrung sowie deren wissenschaftliche
Erforschung beschreibt er in *Blick in die Ewigkeit,* das innerhalb kürzester Zeit zum Weltbestseller wurde.
www.ebenalexander.com

Ptolemy Tompkins ist Autor zahlreicher erfolgreicher Sachbücher.
Seine Artikel erschienen in der *New York Times,* in *Harper's,* in
The Best American Spiritual Writing sowie in der Zeitschrift
Angels on Earth, deren Herausgeber er zehn Jahre lang war.

Dr. med. Eben Alexander

mit Ptolemy Tompkins

VERMESSUNG DER EWIGKEIT

7 fundamentale Erkenntnisse über
das Leben nach dem Tod

Aus dem amerikanischen Englisch übersetzt
von Juliane Molitor

WILHELM HEYNE VERLAG
MÜNCHEN

Verlagsgruppe Random House FSC® N001967

3. Auflage

Taschenbucherstausgabe 05/2017

Redaktion: Anita Krätzer
Umschlaggestaltung: Guter Punkt, München
Umschlagmotive: © Irina Matskevich/shutterstock (Schmetterling)
sowie triff/shutterstock (Himmel)
Satz: Leingärtner, Nabburg
Druck und Bindung: CPI books GmbH, Leck, Germany
ISBN 978-3-453-70329-2

www.heyne.de

Allen mutigen Seelen,
deren liebende Herzen sich nach der Wahrheit
über unsere Existenz sehnen.

Inhalt

Einleitung 9

1 Das Geschenk des Wissens 39

2 Das Geschenk des Sinns 54

3 Das Geschenk des Sehens 85

4 Das Geschenk der Stärke 106

5 Das Geschenk der Zugehörigkeit 115

6 Das Geschenk der Freude 142

7 Das Geschenk der Hoffnung 162

Dank 189

Schlusswort: Die Antworten liegen in uns allen 193

Anmerkungen 205

Bibliografie 207

Sach- und Personenregister 215

Einleitung

Ich bin ein Kind der Erde und des Sternenhimmels, aber in Wirklichkeit entstammt mein Geschlecht dem Himmelreich.

Fragment eines altgriechischen Textes, der einer frisch verstorbenen Seele Navigationsanweisungen für das Jenseits gibt.

Stellen Sie sich ein junges Paar bei der Hochzeit vor. Die Zeremonie ist vorbei, und alle drängen sich für das Erinnerungsfoto auf den Stufen vor dem Kirchenportal. Aber das Paar selbst nimmt die anderen in diesem besonderen Moment überhaupt nicht wahr. Die beiden sind zu sehr miteinander beschäftigt. Sie schauen einander tief in die Augen – die Fenster zur Seele, wie Shakespeare sie genannt hat.

Tief. Ein kurioses Wort, um einen Vorgang zu beschreiben, von dem wir wissen, dass er überhaupt nicht tief sein kann. Sehen ist eine rein physische Angelegenheit. Photonen, kleine Lichtpartikel, treffen auf die Netzhaut am Augenhintergrund, nur etwa 2,5 Zentimeter hinter der Pupille, und die Information, die sie übermitteln, wird dann in elektrochemische Impulse übersetzt, die entlang des Sehnervs zum Sehzentrum im hinteren Teil des Gehirns wandern. Das ist ein rein mechanischer Prozess.

Aber natürlich weiß jeder ziemlich genau, was Sie meinen, wenn Sie sagen, dass Sie jemandem tief in die Augen schauen. Sie sehen die Seele dieser Person – den Teil des menschlichen Wesens, den der altgriechische Philosoph Heraklit vor etwa 2 500 Jahren meinte, als er schrieb: »Der Seele Grenzen wirst du niemals ausloten, und wenn du noch so weit wanderst, so tiefgründig ist sie.« Illusion oder nicht, es ist eine mächtige Sache, einen Blick in diese Tiefe zu werfen, wenn sie sich zeigt.

Am deutlichsten manifestiert sich diese Tiefe bei zwei Gelegenheiten: wenn wir uns verlieben und wenn wir jemanden sterben sehen. Die meisten Menschen haben Ersteres schon einmal erlebt, während deutlich weniger Mitglieder unserer Gesellschaft, die den Tod ganz aus ihrem Gesichtsfeld verbannt, Erfahrung mit dem Zweiten gemacht haben. Aber medizinisches Personal und Hospizmitarbeiter, die regelmäßig andere Menschen sterben sehen, werden sofort wissen, wovon ich spreche. Plötzlich ist dort, wo zuvor Tiefe war, nur noch Oberfläche. Der lebendige Blick, der selbst dann besteht, wenn die betreffende Person schon sehr alt und ihr Blick nur noch trübe und flackernd ist, wird leer.

Wir sehen das auch, wenn ein Tier stirbt. Der direkte Zugang zu dem, was Titus Burckhardt, der Religionsforscher des 20. Jahrhunderts, »den inneren Bereich der Seele« nannte, stirbt ab, und der Körper wird so etwas wie ein elektrisches Gerät, das nicht ans Netz angeschlossen ist.

Stellen Sie sich also die Braut und den Bräutigam vor, die einander tief in die Augen schauen und diese bodenlose Tiefe sehen. Der Blendenverschluss schnappt zu. Das Bild ist im Kasten. Der perfekte Schnappschuss von einem frisch vermählten jungen Paar.

Schauen wir nun ein halbes Dutzend Jahrzehnte in die Zukunft. Stellen Sie sich vor, dass dieses Paar Kinder bekommen hat, die mittlerweile selbst Kinder haben. Der Mann auf dem Bild ist gestorben, und die Frau lebt nun allein in einer betreuten Wohngemeinschaft. Ihre Kinder besuchen sie, und sie hat Freunde in der Wohngemeinschaft. Aber manchmal, wie gerade jetzt, fühlt sie sich allein.

Es ist ein verregneter Nachmittag. Die Frau sitzt an ihrem Fenster und hat das Foto von der Hochzeit in der Hand, das sonst in einem Rahmen auf einem Beistelltisch steht. In dem grauen Licht, das durchs Fenster fällt, schaut sie es sich an.

Genau wie die Frau hat das Foto inzwischen eine lange Reise hinter sich. Sie begann in einem Fotoalbum, das an eines ihrer Kinder weitergegeben wurde. Von dort wanderte das Foto in einen Rahmen, den sie mitnahm, als sie in die Wohngemeinschaft zog. Obwohl das Foto mittlerweile brüchig und ein wenig vergilbt ist und Eselsohren hat, hat es die Zeit überdauert. Sie sieht die junge Frau, die sie war, wie sie ihrem frisch angetrauten Ehemann in die Augen schaut, und erinnert sich daran, dass er in diesem Moment sehr viel realer für sie war als alles andere auf dieser Welt.

Wo ist er jetzt? Existiert er noch?

An guten Tagen weiß die Frau, dass es so ist. Gewiss ist der Mann, den sie all diese vielen Jahre lang so sehr geliebt hat, nicht einfach verschwunden, als sein Körper starb. Sie hat ein vages Wissen darüber, was die Religion zu diesem

Thema zu sagen hat. Ihr Mann ist im Himmel, in einem Himmel, an den zu glauben sie sich in Jahren der mehr oder weniger kontinuierlichen Kirchenbesuche bekannt hat. Doch tief in ihrem Inneren war sie sich nie so ganz sicher.

Daher zweifelt sie an manchen Tagen – an Tagen wie heute. Sie weiß nämlich auch, was die Wissenschaft zu diesem Thema zu sagen hat. Ja, sie hat ihren Mann geliebt. Aber Liebe ist eine Emotion; eine elektrochemische Reaktion, die sich tief im Innern des Gehirns abspielt und Hormone in den Körper entlässt, die unsere Launen sowie darüber bestimmen, ob wir uns glücklich oder traurig, fröhlich oder hoffnungslos fühlen.

Kurz: Liebe ist nicht real.

Aber was *ist* real? Nun, das ist doch klar. Die Stahl-, Chrom-, Aluminium- und Plastikmoleküle, aus denen der Stuhl besteht, auf dem sie sitzt, sind real; ebenso das Papier des Fotos, das sie in der Hand hält, sowie das Glas und das Holz des Rahmens, der es schützt. Und natürlich der Diamant an ihrem Verlobungsring und das Gold, aus dem er ebenso gemacht ist wie ihr Ehering – die sind auch real.

Aber das immerwährende Band der Liebe zwischen zwei unsterblichen Seelen, das diese Ringe symbolisieren sollen? Nun, das ist alles nur hübsch klingendes Gefasel. Feste, greifbare Materie, das ist real – sagt die Wissenschaft.

Das Innere ist deine wahre Natur.
Al-Gazali, islamischer Mystiker des 11. Jahrhunderts

Die Wurzel des Wortes *Realität* ist das lateinische Wort *res,* »Ding«. Die Dinge in unserem Leben wie Autoreifen, Bratpfannen, Fußbälle und Hollywoodschaukeln kommen uns real vor, weil sie tagein, tagaus ein und dieselbe Beschaffenheit haben. Wir können sie berühren, ihr Gewicht in unseren Händen spüren und sie irgendwo zurücklassen, und wenn wir später wiederkommen, finden wir sie unverändert genau dort wieder vor, wo wir sie gelassen haben.

Wir selbst bestehen natürlich auch aus Materie – aus Elementen wie Wasserstoff, dem frühesten und einfachsten Element, und komplexeren wie Stickstoff, Kohlenstoff, Eisen oder Magnesium. Alle diese Elemente sind unter unglaublichem Druck und bei sehr großer Hitze im Herzen uralter, längst verloschener Sterne entstanden. Der Kern eines Kohlenstoffatoms hat sechs Protonen und sechs Neutronen. Von den acht Positionen in seiner äußeren Schale, wo die Elektronen kreisen, sind vier vakant, sodass sich Elektronen von anderen Atomen oder Elementen über diese freien Positionen mit dem Kohlenstoffatom verbinden können. Diese ganze besondere Symmetrie erlaubt es dem Kohlenstoffatom, sich sowohl mit anderen Kohlenstoffatomen zu verbinden als auch mit anderen Arten von Atomen und Molekülen, und zwar mit fantastischer Effizienz. Die gesamte chemische Struktur des Lebens auf der Erde basiert auf Kohlenstoff und seinen einzigartigen Eigenschaften. Er ist die Lingua franca in der Welt der organischen Chemie. Dank ihrer besonderen Symmetrie schließen sich Kohlenstoffatome, wenn sie enormem Druck ausgesetzt sind, mit einer neuen Tenazität zusammen und verwandeln sich aus dem schwarzen, erdigen Stoff, den wir damit in

Verbindung bringen, in das stärkste natürliche Symbol der Dauerhaftigkeit, den hell funkelnden Diamanten.

Die Atome des Kohlenstoffs und der Handvoll anderer Elemente, die den Großteil unseres Körpers ausmachen, sind zwar im Prinzip unsterblich, aber unser Körper selbst ist extrem kurzlebig. Neue Zellen werden geboren und alte sterben. In jedem Moment nimmt sich der Körper Materie aus der uns umgebenden physischen Welt und gibt andererseits Materie an sie zurück. Schon bald – nach einem Wimpernschlag, wenn wir kosmische Maßstäbe anlegen – wird unser Körper ganz in diesen Kreislauf zurückkehren. Er wird sich wieder mit dem Fluss des Kohlenstoffs, des Wasserstoffs, des Sauerstoffs, des Kalziums und der anderen Grundsubstanzen vereinigen, die sich hier auf der Erde immer und immer wieder aufbauen und auflösen.

Diese Einsicht ist natürlich alles andere als neu. Das Wort human (»menschlich«) hat dieselbe sprachliche Wurzel wie *Humus,* Erde. Gleiches gilt für das englische Wort *humble* (»demütig«), was einleuchtet, denn die beste Möglichkeit, Demut zu üben, besteht darin zu erkennen, woraus wir alle gemacht sind. Lange bevor die Wissenschaft mit genauen Details dazu, wie das passiert, auf den Plan trat, wusste man in alten Kulturen auf der ganzen Welt, dass unsere Körper aus Erde gemacht sind und dass sie, wenn wir gestorben sind, wieder zu Erde werden. In der Genesis (Genesis 3,19) sagt Gott zu Adam – der Name ist von dem hebräischen Wort *adamah* (»Erde«) abgeleitet: »Denn von der Erde bist du genommen und zur Erde kehrst du zurück.«

Doch wir Menschen waren nie wirklich glücklich mit dieser Situation. Die gesamte Geschichte der Menschheit kann als unsere Antwort auf unsere augenscheinliche Erdigkeit gesehen werden und auf die Gefühle des Schmerzes und der Unvollständigkeit, die sie hervorruft. Wir ahnen, dass an der Geschichte noch mehr dran sein muss.

Die moderne Wissenschaft – die letzte und mit Abstand mächtigste unserer Antworten auf diese Unruhe hinsichtlich unserer Sterblichkeit – hat sich größtenteils aus der alten Technik des Hantierens mit Chemikalien namens Alchemie entwickelt. Die Ursprünge der Alchemie verlieren sich in der Geschichte. Manche sagen, sie lägen im alten Griechenland. Andere behaupten, die ersten Alchemisten hätten viel früher gelebt, in Ägypten vielleicht, und der Name leite sich von dem ägyptischen Begriff *Al-Kemi* oder »schwarze Erde« ab – vermutlich eine Anspielung auf das schwarze, fruchtbare Erdreich an den Ufern des Nils.

Es gab christliche Alchemisten, jüdische Alchemisten, muslimische Alchemisten sowie taoistische und konfuzianische Alchemisten. Die Alchemie war einfach überall. Wo und wann immer sie auch begonnen hat, die Alchemie entwickelte sich zu einer fantastisch komplexen und breit gefächerten Reihe von Praktiken. Bei den meisten geht es darum, »unedle« Metalle wie Kupfer oder Blei in Gold zu verwandeln. Aber das vorrangige Ziel der Alchemie war es, den Zustand der Unsterblichkeit wiederherzustellen, von dem die Alchemisten glaubten, die Menschheit habe ihn ursprünglich besessen, aber vor langer Zeit verloren.

Viele Arbeitsmittel und Methoden der modernen Chemie wurden von Alchemisten erfunden, oft unter erheblichem Risiko. Mit physischer Materie herumzuspielen kann sehr gefährlich sein. Aber abgesehen davon, dass sie riskierten, sich selbst zu vergiften oder in die Luft zu jagen, liefen die Alchemisten Gefahr, mit den örtlichen religiösen Machthabern in Konflikt zu geraten, denn die Alchemie galt, besonders in Europa, lange als Ketzerei.

Eine der wichtigsten Entdeckungen, welche die Alchemisten bei ihrer Suche nach Unsterblichkeit machten, war, dass sich eine Chemikalie, die man einem bestimmten Prozess aussetzt, indem man sie beispielsweise erhitzt oder mit einem anderen chemischen Stoff kombiniert, mit dem sie reagiert, in etwas anderes verwandelt. Wie so viele andere Geschenke aus der Vergangenheit ist uns auch dieses Wissen mittlerweile geläufig. Dabei vergessen wir allerdings zuweilen, welche Arbeit für diese Entdeckung geleistet wurde.

Das erste Zeitalter war golden.

Ovid, *Metamorphosen*

Warum waren die Alchemisten so am Gold interessiert? Ein Grund liegt auf der Hand. Manche Alchemisten wollten einfach nur reich werden. Die spirituell orientierten Alchemisten waren jedoch aus einem anderen Grund an der Herstellung von Gold interessiert.

Gold ist wie Kohlenstoff ein ungewöhnliches Element. Der Kern des Goldatoms ist sehr groß. Gold hat 79 Protonen; nur vier weitere stabile Elemente sind schwerer. Die starke positive Ladung bewirkt, dass sich die Elektronen, die um den Kern des Goldatoms kreisen, mit außergewöhnlich hoher Geschwindigkeit bewegen – etwa mit halber Lichtgeschwindigkeit. Wenn ein Photon von der Sonne, dem Himmelskörper, der in den alchemistischen Texten am meisten mit Gold in Verbindung gebracht wird, auf die Erde kommt und von einem Goldatom reflektiert wird und dann in eines unserer Augen eintritt und auf die Netzhaut trifft, ruft die Botschaft, die es an das Gehirn übermittelt, eine seltsam angenehme Empfindung bei uns hervor. Wir Menschen reagieren sehr stark auf Gold, und das war schon immer so.

Gold ist schön und relativ selten, und doch hat es keinen großen Nutzwert. Wir haben lediglich *beschlossen,* dass es wertvoll ist, und die spirituell orientierten Alchemisten haben deshalb so verzweifelt versucht, es herzustellen, weil Gold für sie den verdichteten, himmlischen Teil des menschlichen Wesens repräsentierte – die unsterbliche Seele. Ein Teil von uns ist Erde, ein anderer Himmel – und die Alchemisten wussten das.

Wir sollten es auch wissen.

Eigenschaften wie die »Schönheit« des Goldes und selbst seine Farbe sind, wie uns beigebracht wurde, nicht real. Emotionen, haben wir gelernt, sind sogar noch weniger real. Sie sind lediglich reaktive Muster, die von unserem Gehirn generiert werden, und zwar als Reaktion auf hormonale Botschaften, die unser Körper als Antwort auf Gefahrensituationen oder Wünsche und Sehnsüchte ausschüttet.

Liebe. Schönheit. Herzensgüte. Freundschaft. Im Weltbild der materialistischen Wissenschaft ist kein Platz, um diese Dinge als real zu betrachten. Wenn wir jedoch denen glauben, die uns sagen, dass Sinn und Bedeutung nicht real sind, verlieren wir unsere Verbindung zum Himmelreich –

das, was antike Dichter manchmal als »das goldene Band«
bezeichnet haben. Und wenn das geschieht, werden wir
schwach.

Liebe, Schönheit, Herzensgüte und Freundschaft sind
real. Sie sind so real wie Regen, Butter, Holz, Stein, Pluto-
nium, die Ringe des Saturn oder Salpeter. Auf der irdischen
Ebene der Existenz verliert man das leicht aus den Augen.

Aber was man verliert, kann man zurückbekommen.

Ungebildete Menschen wissen vieles nicht, aber sie sind
selten dumm. Denn weil sie sich auf ihre Erinnerungen verlassen
müssen, ist es wahrscheinlicher, dass sie sich an das erinnern,
was wichtig ist. Gebildete Menschen hingegen neigen dazu,
sich in ihrer riesigen Bibliothek der aufgezeichneten
Informationen zu verlieren.

Huston Smith, Religionswissenschaftler[1]

Menschen, wie wir sie kennen, gibt es seit etwa hunderttau-
send Jahren. Fast diese ganze Zeit waren drei Fragen ganz
besonders wichtig für uns:

- Wer sind wir?
- Woher kommen wir?
- Wohin gehen wir?

Die weitaus meiste Zeit zweifelten wir keinen Moment
daran, dass die spirituelle Welt real ist. Wir haben immer
geglaubt, dass dies der Ort ist, von dem wir alle kommen,

bevor wir geboren werden, und der Ort, an den wir zurückkehren, wenn wir sterben.

Viele Wissenschaftler denken, dass wir heute kurz davor sind, so ziemlich alles zu wissen, was es über das Universum zu wissen gibt. Sie sprechen von einer Weltformel, einer allumfassenden »Theorie von allem«, die sämtliche Daten über das Universum, die wir gegenwärtig besitzen, erfasst. Diese Theorie soll, wie der Name bereits vermuten lässt, alles erklären.

Aber diese Theorie hat auch etwas Seltsames an sich. Sie sucht nach keinerlei Antwort auf die oben aufgelisteten Fragen – die Fragen, die 99,9 Prozent unserer Zeit auf der Erde die drei wichtigsten überhaupt waren. Und das Himmelreich erwähnen die Konzepte zur »Theorie von allem« überhaupt nicht.

Das Wort »Himmelreich« bedeutete ursprünglich einfach »Himmel«. Das ist auch gemeint, wenn im Neuen Testament beispielsweise steht: »Und siehe, eine Stimme vom Himmel herab sprach …« (Matthäus 3,17). Die Worte *cielo* (spanisch), *ciel* (französisch) und *caelum* (lateinisch) für Himmel (und Himmelreich) sind alle verwandt mit dem englischen Wort *ceiling* für Zimmerdecke. Wir wissen zwar, dass das Himmelreich nicht *buchstäblich* dort oben ist, aber viele von uns spüren, dass es eine Dimension oder Dimensionen gibt, die »über« der irdischen Welt liegen, und zwar weil sie im spirituellen Sinne »höher« angesiedelt sind. Wenn ich in diesem Buch von »Himmel« im Sinne von Himmelreich spreche und davon, dass er/es sich »über« uns befindet, tue ich das unter der Voraussetzung, dass heute niemand mehr denkt, das Himmelreich sei einfach da oben im Himmel oder es sei einfach der Ort über den Wolken, wo immer die Sonne scheint, also das, was mittlerweile unter Himmel verstanden wird. Wenn ich das Wort benutze, spreche ich von einer anderen Art von Geografie, von einer, die zwar sehr real ist, aber ganz anders als die irdische, mit der wir vertraut sind. Ihr gegenüber ist die gesamte für uns beobachtbare physische Dimension nur ein Sandkorn an einem Strand.

Es gibt aber noch eine andere Gruppe – eine Gruppe, der auch viele Wissenschaftler angehören –, die ebenfalls glaubt, dass wir gerade kurz davor sind, eine »Theorie von allem« zu entdecken. Aber diese Theorie ist ziemlich anders als die, vor deren Entdeckung die materialistische Wissenschaft zu stehen glaubt. Sie unterscheidet sich von der ersten in zwei wichtigen Punkten:

Erstens postuliert sie, dass wir nie wirklich eine Theorie von allem *entwickeln können,* wenn wir uns dabei allein auf materialistische Daten stützen. Zweitens spricht diese andere Theorie alle drei der ursprünglich hochwichtigen Fragen der Menschheit an – und auch der Himmel gehört dazu.

Es gibt keine Materie an sich. Alle Materie entsteht
und besteht nur durch eigene Kraft, welche die Atomteilchen
in Schwingung bringt … So müssen wir hinter dieser Kraft
einen bewussten intelligenten Geist annehmen.
Dieser Geist ist der Urgrund aller Materie.
Max Planck, Quantenphysiker (1858–1947)

Nach drei fantastisch erfolgreichen Jahrhunderten hatte die Wissenschaft, besonders die Physik, im zwanzigsten Jahrhundert eine Überraschung für uns parat. Tief im Kern der Materie fanden die Physiker etwas, wofür sie keine Erklärung hatten. Es stellte sich heraus, dass »Materie« – also der Stoff, von dem die Wissenschaftler dachten, dass sie ihn so gut verstehen – alles andere war als das, wofür sie sie gehalten hatten. Die Atome, von denen die Wissenschaft gedacht hatte, sie seien die kleinsten Bausteine der Welt, erwiesen sich letztlich als keineswegs unspaltbar. Materie stellte sich als kompliziert verschachtelte Matrix superstarker, aber nicht materieller Kräfte heraus, die nichts Materielles an sich hatte.

Es wurde sogar noch verrückter. Denn wenn es noch etwas gab, wovon die Wissenschaft dachte, sie kenne es ebenso gut wie die Materie, dann war es der Raum – der Bereich, in dem sich die Materie bewegt. Aber auch der Raum war nicht wirklich »da«. Zumindest nicht in der einfachen, linearlogischen, leicht zu verstehenden Weise, wie es sich die Wissenschaftler vorgestellt hatten. Er bog sich. Er streckte sich. Er war untrennbar mit der Zeit verbunden. Er war alles andere als einfach.

Und als sei das alles noch nicht genug, kam noch ein weiterer Faktor ins Spiel – ein Faktor, den die Wissenschaft zwar schon lange gekannt, für den sie sich aber bis dahin nicht interessiert hatte. In der Tat hat die Wissenschaft erst im 17. Jahrhundert einen Begriff für dieses Phänomen geprägt, welches bei vorwissenschaftlichen Völkern auf der ganzen Welt im Zentrum ihrer Wirklichkeit stand und für das sie Dutzende von Wörtern hatten.

Dieser neue Faktor war das Bewusstsein – der einfache und doch äußerst komplizierte Umstand, sich selbst und der Welt um sich herum gewahr zu sein.

Niemand aus der wissenschaftlichen Gemeinde hatte auch nur die geringste Ahnung, was Bewusstsein ist, doch das war vorher nie ein Problem gewesen. Die Wissenschaftler hatten das Bewusstsein einfach vernachlässigt, denn weil es nicht messbar sei, so sagten sie, sei es nicht real. Aber in den 1920er-Jahren zeigte sich in quantenmechanischen Experimenten nicht nur, dass man Bewusstsein *sehr wohl* nachweisen kann, sondern auch, dass es auf einer subatomaren Ebene keine Möglichkeit gibt, dies *nicht* zu tun, weil das Bewusstsein des Beobachters ihn tatsächlich mit allem verbindet, was er beobachtet. Es ist ein nicht zu vernachlässigender Teil jedes wissenschaftlichen Experiments.

Dies war eine überwältigende Entdeckung – auch wenn die meisten Wissenschaftler es immer noch vorziehen, sie mehr oder weniger zu ignorieren. Sehr zum Ärger vieler Wissenschaftler, die glaubten, sie seien kurz davor, alles im Universum aus einer rein materialistischen Perspektive erklären zu können, bewegte sich das Bewusstsein nun ins Zentrum der Bühne und weigerte sich, beiseitegeschoben zu werden. Im Laufe der Jahre fanden die wissenschaftlichen Experimente immer mehr auf der subatomaren Ebene statt, auf einem als Quantenmechanik bekannten Gebiet. Und während die Experimente immer anspruchsvoller wurden, wurde die Schlüsselrolle, die das Bewusstsein dabei stets spielt, immer sichtbarer, auch wenn sie nach wie vor nicht erklärt werden konnte. Wie der ungarisch-amerikanische Physiker Eugene Wigner schrieb: »Es war nicht möglich, die Gesetze der Quantenmechanik auf vollkommen stimmige Weise zu formulieren, ohne Bezug auf das Bewusstsein zu nehmen.« Der spanische Mathematiker und Physiker Ernst Pascual Jordan fand noch nachdrücklichere Worte: »Beobachtungen«, so schrieb er, »stören die Messungen nicht nur, sie bringen sie auch hervor.« Das heißt nicht unbedingt, dass wir mit unserer Vorstellungskraft die Realität erschaffen, wohl aber, dass das Bewusstsein so eng mit ihr verbunden ist, dass es keine Möglichkeit gibt, sie ohne die Berücksichtigung des Bewusstseins zu erfassen. Bewusstsein ist das eigentliche Fundament des Daseins.

Die Physiker müssen noch klären, was die Forschungsergebnisse der Quantenmechanik über das Wirken des Universums enthüllen. Die brillanten Gründerväter dieses Fachgebiets, etwa Werner Heisenberg, Louis de Broglie, Sir James Jeans, Erwin Schrödinger, Wolfgang Pauli oder Max Planck, wandten sich in ihrem Bemühen, die Ergebnisse ihrer Experimente zu den Mechanismen der subatomaren Welt zu begreifen, dem Mystizismus zu. Das »Messproblem« zeigt, dass das Bewusstsein eine entscheidende Rolle für die Bestimmung des Wesens der sich entfaltenden Realität spielt. Es gibt keine Möglichkeit, den Beobachter vom Beobachteten zu trennen.

Die Realität, die durch die quantenmechanischen Experimente abgebildet wird, ist das genaue Gegenteil dessen, was man auf der Basis einer rationalen Alltagslogik erwarten würde. Ein tieferes Verständnis und eine genauere Interpretation dieser Experimente erfordern eine gründliche Revision unserer Vorstellungen von Bewusstsein, Kausalität, Raum und Zeit. Wir brauchen eine starke Erweiterung der Physik, welche die Realität des Bewusstseins (Seele oder Geist) als Basis von *allem, was ist,* akzeptiert, um das tief greifende Rätsel im Zentrum der Quantenphysik zu transzendieren.

Ich vertrete den Standpunkt, dass das menschliche Mysterium durch den wissenschaftlichen Reduktionismus und seine auf einem verheißungsvollen Materialismus basierende Behauptung, letztlich die gesamte spirituelle Welt über die Muster neuronaler Aktivität erfassen zu können, unglaublich herabgewürdigt wird.

Diese Überzeugung muss als Aberglaube eingestuft werden … wir müssen erkennen, dass wir sowohl spirituelle Wesen sind mit Seelen, die in einer geistigen Welt existieren, als auch materielle Wesen mit Körper und Gehirn, die in einer materiellen Welt leben.

Sir John C. Eccles, Neurophysiologe (1903–1997)

Eine Beschreibung des Wesens der Realität kann nicht beginnen, bevor wir nicht eine erheblich klarere Sicht auf die wahre Natur des Bewusstseins und seine Beziehung zu der sich abzeichnenden Realität in der physischen Welt haben. Wir könnten schnellere Fortschritte machen, wenn sich die Physiker auch in das Studium dessen vertiefen würden, was einige Wissenschaftler das »schwierige Problem des Bewusstseins« genannt haben. Die Essenz dieses schwierigen Problems ist folgende: Die moderne Neurowissenschaft geht davon aus, dass das Gehirn das Bewusstsein aus seiner schieren Komplexität heraus erschafft. Es gibt jedoch absolut keine Erklärung, durch welchen Mechanismus dies geschieht. Ja, je mehr wir das Gehirn erforschen, desto deutlicher erkennen wir, dass das Bewusstsein unabhängig von ihm existiert. Roger Penrose, Henry Stapp, Amit Goswami und Brian Josephson sind bemerkenswerte Beispiele für Physiker, die eine Einbeziehung des Bewusstseins in die Modelle der Physik vorangetrieben haben, aber der größte Teil der physikalischen Gemeinde negiert die eher esoterischen Ebenen der erforderlichen Untersuchungen weiterhin.

Ab dem Tag, an dem die Wissenschaft anfängt, nicht physische Phänomene zu untersuchen, wird sie in einem Jahrzehnt mehr Fortschritte erzielen als in allen vorangegangenen Jahrhunderten.

Nikola Tesla (1856–1943)

Die neue Theorie – die neue »Landkarte von allem«, die ich eindeutig favorisiere – wird all die revolutionären Entdeckungen einschließen, welche die Wissenschaft im letzten Jahrhundert gemacht hat, ganz besonders die neuen Erkenntnisse zum Wesen der Materie und des Raumes und die revolutionäre Entdeckung der zentralen Bedeutung des Bewusstseins, welche die materialistische Wissenschaft zu Beginn des 20. Jahrhunderts in ein derartiges Chaos stürzte.

Sie wird Entdeckungen wie die des Physikers Werner Heisenberg thematisieren, nämlich dass subatomare Teilchen nie wirklich an einem Ort sind, sondern sich in einem konstanten Zustand statistischer Wahrscheinlichkeit befinden. Sie könnten also hier oder dort sein, aber sie können nie auf einen einzigen, eindeutigen Punkt festgenagelt werden. Oder dass ein Photon – eine Einheit des Lichts – als Welle erscheint, wenn wir es auf die eine Art messen, und als Teilchen, wenn wir es auf eine andere Art messen, und zwar *obwohl es genau dasselbe Photon bleibt*. Oder Entdeckungen wie die von Erwin Schrödinger, nämlich dass das Ergebnis bestimmter subatomarer Experimente vom Bewusstsein des Beobachters abhängig ist, der sie in einer Weise aufzeichnet, dass sie die Zeit »umkehren« können, sodass eine Kernreaktion, ausgelöst in einer Kiste, die drei Tage zuvor versiegelt wurde, nicht zum Abschluss kommt, bis die Kiste geöffnet wird und die Ergebnisse der Aktion von einem bewussten Beobachter erfasst werden. Die Kernreaktion bleibt in einem Schwebezustand zwischen Geschehen und nicht Geschehen, bis das Bewusstsein auf den Plan tritt und sie in der Wirklichkeit zementiert.

Diese neue Landkarte von allem schließt auch die ungeheuren Datenmengen ein, die aus einem ganz anderen Forschungsgebiet stammen, aus einem, dem die materialistische Wissenschaft in der Vergangenheit noch weniger Aufmerksamkeit schenkte als dem Bewusstsein und das die dogmatische Religion ebenfalls eisern ignoriert hat: dem Bereich der Nahtoderlebnisse, der Visionen auf dem Totenbett, der Momente des offensichtlichen Kontakts mit lieben Verstorbenen. Die ganze Welt der seltsamen, aber absolut realen Begegnungen mit dem spirituellen Universum, die Menschen ständig erleben, über die uns aber weder die dogmatische Wissenschaft noch die dogmatische Religion zu sprechen erlaubt hat.

Die Art von Ereignissen, über die Menschen andauernd mit *mir* sprechen.

Lieber Dr. Alexander,

*ich habe den Bericht über Ihre Erfahrungen sehr gern
gelesen. Er hat mich an das Nahtoderlebnis erinnert,
das mein Vater vier Jahre vor seinem Tod hatte.
Mein Dad hatte in Astrophysik promoviert und war
vor seinem Nahtoderlebnis absolut »wissenschaftlich«
eingestellt gewesen.*

*Auf der Intensivstation ging es ihm ziemlich schlecht.
Er hatte einen emotional schweren Lebensweg gehabt
und war dem Alkoholismus zum Opfer gefallen.
Schließlich versagten viele seiner Organe, und er bekam
eine doppelte Lungenentzündung. Er lag drei Monate
auf der Intensivstation. Während dieser Zeit verbrachte
er eine Weile im künstlichen Koma. Als er auf dem Weg
der Besserung war, erzählte er von seiner Erfahrung mit
engelähnlichen Wesen, die ihm mitgeteilt hatten, er solle
sich keine Sorgen machen, alles werde wieder gut. Sie
sagten, er werde wieder gesund werden und sein Leben
weiterführen. Sie hätten ihm geholfen, sagte er, und er
habe sich seitdem nicht mehr vor dem Sterben gefürchtet.
Als er sich wieder ganz erholt hatte, sagte er mir immer,
ich solle mir keine Sorgen machen, wenn er sterbe, denn
ich könne sicher sein, dass es ihm dann gut gehe.*

*… Nach dieser Erfahrung veränderte er sich grund-
legend. Er trank nicht mehr, aber … darüber zu sprechen
überforderte ihn … er war ein sehr eigener Mensch …
Vier Jahre nach seinem Krankenhausaufenthalt starb
er an einem Riss in der Aorta sehr plötzlich im Schlaf.
Nach seinem Tod fanden wir gelbe Klebezettel in seinem
ganzen Haus: »GaHf.« Am Ende kamen wir zu dem*

Schluss, dass dies »Guardian angels. Have faith«
(»Schutzengel. Glaube.«) bedeutete. Vielleicht hat es ihm
geholfen, abstinent zu bleiben und sich an das tröstliche
Gefühl zu erinnern, das er empfunden hatte, als er
außerhalb seines Körpers war.

Ich erinnere mich, dass ich ihn kurz vor seinem Tod
fragte, was seiner Meinung nach passiert, wenn wir
wirklich sterben. Er sagte, er wisse es nicht wirklich und
dass dies einfach etwas sei, was wir Menschen noch nicht
herausgefunden haben, aber noch herausfinden werden.
Ich schätze, er hatte den Ort kennengelernt, wo Wissen-
schaft und Spiritualität einander begegnen. Es war
sehr tröstlich zu lesen, was Sie über Ihre Erfahrungen
geschrieben haben, und es bekräftigte für mich auch
die Erfahrung, die mein Dad gemacht hat.

Vielen Dank
Pascale

Warum erzählen mir Menschen solche Geschichten? Die Antwort ist einfach. Ich bin ein Arzt, der ein Nahtoderlebnis hatte; ein ernst zu nehmender Vertreter des »dogmatisch wissenschaftlichen« Lagers, der eine Erfahrung gemacht hat, die ihn auf die andere Seite schickte. Nicht etwa auf die Seite der »dogmatischen Religion«, sondern, wenn Sie so wollen, auf eine dritte Seite des Raumes – eine Seite, auf der klar wird, dass uns sowohl die Wissenschaft als auch die Religion bestimmte Dinge lehren, aber dass keine von beiden alle Antworten hat oder jemals haben wird. Auf dieser Seite des Raumes wird klar, dass wir auf der Schwelle zu etwas wirklich Neuem stehen: einer Vereinigung von

Spiritualität und Wissenschaft, welche die Art, wie wir uns selbst verstehen und erfahren, für immer verändern wird.

In *Blick in die Ewigkeit* habe ich beschrieben, wie ich wegen des plötzlichen Ausbruchs einer sehr seltenen bakteriellen Meningitis ins Krankenhaus eingeliefert wurde und dort sieben Tage lang in einem tiefen Koma lag. In dieser Zeit habe ich Erfahrungen gemacht, die ich noch immer zu verarbeiten und zu begreifen versuche. Ich bin durch eine Reihe supraphysischer Reiche gereist, von denen eines außergewöhnlicher war als das andere.

Im ersten, das ich als Reich der Regenwurmperspektive bezeichne, war ich in einen primitiven, ursprünglichen Bewusstseinszustand eingetaucht und fühlte mich wie in der Erde begraben. Es war jedoch keine gewöhnliche Erde, denn alles, was ich um mich herum wahrnahm – und manchmal hörte oder sah –, waren andere Formen, andere Wesenheiten. Es war teils erschreckend, teils tröstlich (ich fühlte mich, als sei ich ein Teil dieser primitiven Düsternis und sei es immer gewesen). Oft werde ich gefragt: »War das die Hölle?« Ich würde erwarten, dass die Hölle zumindest ein kleines bisschen interaktiv ist, aber es war nichts dergleichen. Obwohl ich mich nicht an die Erde erinnerte und noch nicht einmal daran, was ein Mensch war, empfand ich zumindest so etwas wie Neugier. Ich fragte: »Wer? Was? Wo?«, aber es gab nie auch nur den Funken einer Antwort.

Irgendwann kam ein Lichtwesen – eine ringförmige Wesenheit, die eine wunderschöne, himmlische Musik von sich gab, die ich die kreisende Melodie nannte – langsam von oben und strahlte herrliche Fäden aus lebendigem silbernem und goldenem Licht aus. Das Licht drang wie ein Riss ins Gewebe dieses groben Bereichs, und ich hatte das Gefühl, durch diesen Riss wie durch ein Portal in ein umwerfend schönes Tal mit üppigen und fruchtbaren Grünflächen zu gehen, wo sich Wasserfälle in kristallklare Wasserbecken ergossen. Ich fand mich als ein Bewusstseinsstäubchen auf einem Schmetterlingsflügel wieder, mitten in pulsierenden Schwärmen aus Millionen anderer Schmetterlinge. Ich erlebte einen atemberaubend blau-schwarzen, samtigen Himmel, der erfüllt war von herabstürzenden Kugeln aus goldenem Licht, die ich später Engelchöre nannte und die leuchtende Streifen vor wogenden, bunten Wolken hinterließen. Diese Chöre sangen Hymnen, die alles übertrafen, was ich auf der Erde je gehört hatte.

Es gab auch eine Vielzahl größerer Universen, die sich zu dem formierten, was ich mittlerweile als »Übersphäre« bezeichne. Sie sollte helfen, die Lektionen zu vermitteln, die ich lernen musste. Die Engelchöre bildeten noch ein weiteres Tor zu höheren Sphären. Ich stieg auf, bis ich im Kern ankam, im tiefsten Allerheiligsten des Göttlichen – einer unendlichen Tintenschwärze, übervoll mit unbeschreiblicher, göttlicher, bedingungsloser Liebe. Dort begegnete ich der unendlich mächtigen, allwissenden Gottheit, die ich später als Om bezeichnete wegen des Klangs, den ich in diesem Reich so deutlich wahrnahm. Ich lernte Dinge, die von einer Tiefe und Schönheit waren, die sich meiner Fähigkeit, sie in Worte zu fassen, völlig entziehen. Während meiner Zeit im Kern hatte ich immer das starke Gefühl, dass wir zu dritt waren: das unendliche Göttliche, die strahlende Kugel und das reine Bewusstsein.

Auf dieser Reise hatte ich eine Begleiterin, eine außerordentlich schöne Frau. Sie tauchte zum ersten Mal auf, als ich als Bewusstseinsstäubchen auf dem Schmetterlingsflügel im Reich des Übergangs herumflog. Ich hatte diese Frau noch nie zuvor gesehen und wusste nicht, wer sie war. Doch ihre Anwesenheit genügte, um mein Herz zu heilen und mich auf eine Weise ganz zu machen, wie ich es nie für möglich gehalten hätte. Ohne zu sprechen, ließ sie mich wissen, dass ich über alle Maßen geliebt und umsorgt werde und dass das Universum ein viel gewaltigerer, besserer und schönerer Ort ist, als ich es mir je hätte erträumen können. Ich sei ein nicht zu ersetzender Teil des Ganzen (wie wir alle) und all die Traurigkeit und Angst, die ich in der Vergangenheit erlebt hatte, sei das Ergebnis davon, dass ich diese wichtigsten aller Tatsachen irgendwie vergessen hatte.

Lieber Dr. Alexander,
vor vierunddreißig Jahren hatte ich ein Nahtoderlebnis.
Aber nicht ich war es, die gestorben ist. Es war meine
Mutter. Sie lag mit Krebs im Krankenhaus, und ihre
Ärzte teilten uns mit, sie habe noch maximal sechs Monate
zu leben. Es war Samstag, und ich hatte mir vorgenommen,
am Montag von Ohio nach New Jersey zu fliegen. Ich war
draußen im Garten, als ich plötzlich von diesem Gefühl
durchströmt wurde. Es war überwältigend. Es fühlte sich
an wie eine unglaubliche Menge an Liebe. Es war das
beste Hochgefühl, das Sie sich vorstellen können. Ich stand
auf und fragte mich: Was in aller Welt war das? Dann
durchströmte es mich wieder. Es passierte insgesamt drei
Mal. Da wusste ich, dass meine Mutter gegangen war.

Es fühlte sich an, als umarme sie mich und fasse dabei
direkt durch mich hindurch. Und jedes Mal, wenn sie
das tat, spürte ich diese übernatürliche, unglaubliche,
unermessliche Menge an Liebe.

Ich ging ins Haus und war immer noch wie benebelt
von dem, was passiert war. Ich setzte mich neben das
Telefon und wartete auf den Anruf meiner Schwester.
Zehn Minuten später klingelte das Telefon. Es war meine
Schwester. »Mama ist gestorben«, sagte sie.

Noch jetzt, dreißig Jahre später, kann ich diese Geschichte
nicht erzählen, ohne dass mir die Tränen kommen –
weniger aus Traurigkeit als vor Freude. Diese drei
Augenblicke im Garten haben mein Leben zum Guten
verändert. Seitdem fürchte ich den Tod nicht mehr. Ich
bin irgendwie fast eifersüchtig auf Menschen, die gestorben
sind. (Ich weiß, das klingt seltsam, aber es ist so.)

Damals, als das passierte, gab es all die Fernseh-
sendungen und Bücher über Nahtoderlebnisse noch nicht.
Sie waren noch keine öffentlichen Phänomene, wie sie
es heute sind. Ich hatte also keine Vorstellung, was ich
davon halten sollte. Aber ich wusste, dass es real war.

Jean Hering

Als ich von meiner Reise zurückkehrte (das allein schon
war ein Wunder, das ich in *Blick in die Ewigkeit* ausführlich
beschrieben habe), war ich in vielerlei Hinsicht wie ein
neugeborenes Kind. Ich hatte keine Erinnerungen an mein
vorheriges irdisches Leben, wusste aber ganz genau, wo ich
gewesen war. Ich musste wieder lernen, wer, was und wo
ich war. Tage und Wochen vergingen, und schließlich kam

mein altes, irdisches Wissen wie sanft fallender Schnee zurück. Worte und Sprache kehrten schon innerhalb von Stunden und Tagen zurück. Mit der Liebe und der sanften Überredung meiner Familie und Freunde konnte ich mich nach und nach auch an andere Dinge erinnern, und ich kehrte in die menschliche Gemeinschaft zurück. Nach acht Wochen waren auch meine früheren wissenschaftlichen Kenntnisse, einschließlich der Erfahrungen und des Erlernten aus mehr als zwei Jahrzehnten, die ich als Neurochirurg in Universitätskliniken verbracht hatte, wieder da – komplett. Diese vollständige Wiederherstellung bleibt ein Wunder, für das die moderne Medizin keine Erklärung hat.

Aber ich war jetzt eine andere Person, als ich es früher gewesen war. Die Dinge, die ich gesehen und erfahren hatte, während ich mich außerhalb meines Körpers aufhielt, verblassten nicht einfach, wie es bei Träumen oder Halluzinationen der Fall ist. Sie blieben. Und je länger sie blieben, desto deutlicher erkannte ich, dass das, was in der Woche, die ich jenseits meines physischen Körpers verbracht hatte, mit mir geschehen war, alles umgeschrieben hatte, was ich zuvor über meine Existenz zu wissen glaubte. Das Bild der Frau auf dem Schmetterlingsflügel blieb bei mir und verfolgte mich genau wie all die anderen außergewöhnlichen Dinge, die ich in diesen jenseitigen Welten erlebt hatte.

Vier Monate nachdem ich aus meinem Koma erwacht war, hatte ich ein Bild in der Post. Es war ein Foto meiner biologischen Schwester Betsy – einer Schwester, die ich nie kennengelernt hatte, weil ich als kleines Kind adoptiert worden und Betsy schon gestorben war, als ich meine biologische Familie endlich ausfindig gemacht hatte und wir uns wieder begegnet waren. Das Foto zeigte Betsy. Aber es zeigte auch jemand anderen: die Frau auf dem Schmetterlingsflügel.

In dem Moment, in dem ich dies erkannte, kristallisierte sich etwas in mir heraus. Es war fast, als seien mein Geist und meine Seele seit meiner Rückkehr wie der amorphe Inhalt einer Schmetterlingspuppe gewesen. Ich konnte nicht zu dem zurück, was ich vorher gewesen war, aber ich konnte mich auch nicht nach vorn bewegen. Ich saß fest.

Dieses Foto – und der plötzliche Schock des Wiedererkennens, als ich es anschaute – war die Bestätigung, die ich gebraucht hatte. Von da an war ich wieder in der alten, irdischen Welt, die ich hinter mir gelassen hatte, als ich ins Koma gefallen war. Doch jetzt war ich eine ganz neue Person. Ich war wiedergeboren.

Die wahre Reise hatte damit aber erst begonnen. Mir wird jeden Tag mehr offenbart – in der Meditation, durch meine Arbeit mit neuen Technologien, von denen ich hoffe, dass sie es anderen erleichtern werden, Zugang zum spirituellen Bereich zu bekommen (siehe Anhang), sowie durch meine Gespräche mit Menschen, denen ich auf meinen Reisen begegne. Es gibt sehr viele Menschen, die manches gesehen und erlebt haben, was auch ich gesehen und erlebt habe. Diese Menschen teilen ihre Geschichten gern mit mir, und ich höre ihnen gern zu. Sie finden es wunderbar, dass sich ein gestandenes Mitglied der materialistischen Wissenschaftsgemeinde so verändern konnte, wie ich mich verändert habe. Und da stimme ich ihnen zu.

Als Arzt mit einer langen Karriere in angesehenen medizinischen Institutionen wie dem Universitätsklinikum der Duke University oder der Harvard Medical School war ich der perfekte wissende Skeptiker. Ich war jemand, der Sie, wenn Sie mir von Ihrem Nahtoderlebnis erzählt hätten oder von dem Erscheinen Ihrer toten Tante, die Ihnen versichert habe, dass es ihr gut gehe, angeschaut und mitfühlend, aber entschieden gesagt hätte, dass Sie sich das einbilden.

Aber zahllose Menschen machen solche Erfahrungen. Ich lerne sie täglich kennen. Sie sind nicht nur Zuhörer bei meinen Vorträgen, sondern sie stehen auch hinter mir in der Schlange bei Starbucks oder sitzen im Flugzeug neben mir. Aufgrund der großen Verbreitung von *Blick in die Ewigkeit* bin ich zu jemandem geworden, bei dem Menschen das Gefühl haben, dass sie über derartige Dinge sprechen können. Und wenn sie es dann tun, bin ich immer erstaunt über die bemerkenswerte Einheitlichkeit und Stimmigkeit dessen, was sie zu sagen haben. Ich entdecke immer mehr Ähnlichkeiten zwischen dem, was diese Menschen mir erzählen, und dem, was zahlreiche Völker in der Vergangenheit glaubten. Ich entdecke, was die Alten sehr genau wussten: Der Himmel macht uns menschlich. Wir vergessen das und gefährden uns dadurch. Ohne Kenntnis der größeren Geografie, von woher wir kommen und wohin wir gehen, wenn unser physischer Körper stirbt, sind wir orientierungslos. Dieses »goldene Band« ist die Verbindung nach oben, die das Leben hier unten nicht nur erträglich, sondern auch freudvoll macht. Ohne diese Verbindung sind wir verloren.

Meine Geschichte ist ein Teil eines größeren Puzzles, ein weiterer Hinweis des Universums und eines liebenden Gottes, dass die Zeit der rechthaberischen Wissenschaften und der diktatorischen Religion vorbei ist und endlich eine neue Vereinigung der besseren, tiefgründigeren Teile der wissenschaftlichen und spirituellen Empfindungsfähigkeit ansteht.

In diesem Buch teile ich Ihnen mit, was ich von anderen – von früheren Philosophen und Mystikern, von modernen Wissenschaftlern und von vielen ganz gewöhnlichen Menschen wie ich selbst es bin – über das gelernt habe, was ich als Gaben des Himmels bezeichne. Bei diesen Gaben handelt es sich um den Gewinn, den wir haben, wenn wir uns für die größte Wahrheit öffnen, die unsere Vorfahren noch kannten: Es gibt eine größere Welt hinter der, die wir Tag für Tag um uns herum wahrnehmen. Diese größere Welt liebt uns mehr, als wir uns das vorstellen können. Sie wacht jeden Augenblick über uns und hofft, dass wir in der Welt um uns herum Hinweise darauf finden, dass sie da ist.

Vermutlich nur ein paar Sekunden lang war das ganze Abteil von Licht erfüllt. Ich kann diesen Moment nur so beschreiben, denn man konnte überhaupt nichts sehen. Ich fühlte mich von einem gewaltigen Seinsgefühl zu einem liebenden, siegreichen und strahlenden Ziel getragen. Ich hatte mich noch nie demütiger gefühlt. Ich hatte mich noch nie erhabener gefühlt. Ein höchst merkwürdiges, aber auch überwältigendes Gefühl nahm von mir Besitz und erfüllte mich mit Entzücken. Ich spürte, dass alles gut war für die Menschheit – wie dürftig Worte doch scheinen! Das Wort »gut« klingt so armselig. Alle Menschen waren strahlende und prächtige Wesen,

die am Ende in eine unglaubliche Freude eingehen
würden. Schönheit, Musik, Freude, unermessliche Liebe
und eine Herrlichkeit, die nicht in Worte gefasst werden
kann, all das würden sie bekommen. Sie waren die
Erben von all dem.

All dies geschah vor über fünfzig Jahren, doch noch
heute sehe ich mich in einer Ecke dieses schmuddeligen
Dritte-Klasse-Abteils mit dem trüben Licht der Gas-
lampen über meinem Kopf … In wenigen Augenblicken
war die ganze Herrlichkeit wieder verschwunden – nur
ein eigenartiges Gefühl blieb zurück. Ich liebte alle,
die mit mir in diesem Abteil saßen. Jetzt klingt es irgend-
wie albern, und in der Tat erröte ich, während ich es
hinschreibe, aber ich glaube, in jenem Moment wäre
ich für jeden einzelnen der Menschen in diesem Abteil
gestorben.[2]

Mein ganzes Leben war eine Suche nach Zugehörigkeit.
Weil ich als Sohn eines angesehenen Gehirnchirurgen auf-
gewachsen bin, war ich mir der an Anbetung grenzenden
Bewunderung, die Menschen Chirurgen entgegenbringen,
stets bewusst. Die Leute verehrten meinen Vater. Nicht dass
er dazu aufgefordert hätte. Er war ein bescheidener Mensch
mit einem starken christlichen Glauben und fühlte sich seiner Verantwortung als Heiler viel zu sehr verpflichtet, um
sich jemals in so etwas wie Selbstüberhöhung zu ergehen.
Ich bewunderte ihn für seine Bescheidenheit und sein un-
trügliches Gespür für seine eigene Berufung. Ich wünschte
mir nichts sehnlicher, als so zu sein wie er. Ich wollte ihm
gewachsen sein und auch ein Mitglied der medizinischen

Bruderschaft werden, die in meinen Augen eine Aura des Heiligen hatte.

Nach Jahren harter Arbeit fand ich schließlich Eingang in diese weltliche Bruder- und Schwesternschaft der Chirurgen. Doch der spirituelle Glaube, der für meinen Vater etwas so Einfaches und Natürliches war, ging mir ab. Wie viele andere Chirurgen in der modernen Welt war ich ein Meister der physischen Seite des menschlichen Wesens und vollkommen unwissend, was die spirituelle Seite betraf. Ich glaubte einfach nicht, dass es sie gab.

Dann hatte ich im Jahr 2008 mein Nahtoderlebnis. Was mir passiert ist, illustriert, was mit uns als Kultur passiert, wie übrigens jede der Geschichten, die ich von den Menschen gehört habe, denen ich begegnet bin. Jeder von uns trägt tief in sich eine Erinnerung an den Himmel. Diese Erinnerung an die Oberfläche zu bringen und Ihnen zu helfen, Ihre eigene Wegbeschreibung zu diesem sehr realen Ort zu finden, ist Sinn und Zweck dieses Buches.

1

Das Geschenk des Wissens

Jeder Mensch wird entweder als Aristoteliker oder als Platoniker geboren.

Samuel Taylor Coleridge, Dichter (1772–1834)[3]

Platon und Aristoteles sind die beiden Väter der westlichen Welt. Platon (ca. 428 – ca. 348 v. Chr.) ist der Vater der Religion und Philosophie, und Aristoteles (384–322 v. Chr.) ist der Vater der Wissenschaft. Platon war der Lehrer von Aristoteles, aber am Ende war Aristoteles in vielem anderer Meinung als Platon. Ganz besonders stellte Aristoteles Platons Behauptung infrage, es gebe jenseits der irdischen Welt eine spirituelle Welt – eine Welt, die unendlich viel realer sei und auf der alles basiere, was wir in dieser Welt erführen.

Platon glaubte aber nicht nur an diese größere Welt, er wandte sich nach innen und *spürte* sie dort in seinem Innern. Platon war ein Mystiker, und wie zahllose Mystiker vor und nach ihm erkannte er, dass sein Bewusstsein, sein inneres Selbst eng mit dieser größeren Welt des Geistes verbunden war. Er war, um eine moderne Analogie zu verwenden, daran angeschlossen. Der Saft des Himmels durchströmte ihn.

Aristoteles war aus anderem Holz geschnitzt. Anders

als Platon hatte er nicht das Gefühl, direkt mit der lebendigen geistigen Welt verbunden zu sein. Für Aristoteles war Platons Welt der Formen – diese überirdischen, superphysischen Strukturen, von denen, wie Platon glaubte, alle Objekte in unserer Welt nur schwache Reflexionen sind – eine Fantasie. Wo war der Beweis für diese magischen Wesenheiten und die geistige Welt, zu der sie, wie Platon behauptete, gehören? Wie für Platon war die Welt auch für Aristoteles ein Ort mit einer wunderbar intelligenten Ordnung. Aber die Wurzeln dieser Intelligenz und dieser Ordnung lagen für Aristoteles nicht in irgendeinem großen Jenseits, sondern genau hier, vor unserer Nase.

Obwohl sie oft nicht einer Meinung waren, gab es auch vieles, worüber sich Platon und Aristoteles einig waren. Ein entscheidender Punkt war ihre übereinstimmende Vorstellung von dem, was man als die Plausibilität der Welt bezeichnen könnte – die Tatsache, dass man das Leben verstehen kann. Dem modernen Wort *Logik* liegt das griechische Wort *Logos* zugrunde – ein Begriff, den wir heute vor allem aus dem Christentum kennen, wo er Christus als das fleischgewordene Wort Gottes bezeichnet. In der Zeit von Platon und Aristoteles bezeichnete *Logos* die lebendige Intelligenz, die in der physischen Welt und im menschlichen Geist am Werk ist. Es war der *Logos,* der es den Menschen erlaubte, die Ordnung der Welt zu verstehen, denn – wie Platon und Aristoteles gleichermaßen glaubten – wir können die Welt verstehen, weil wir ein Teil von ihr sind. Geometrie, Zahlen, Logik, Rhetorik, Medizin – alle diese Disziplinen und auch die anderen, die

Platon und Aristoteles mitentwickelt haben – sind möglich, weil die Menschen dafür gemacht sind, die Welt, in der sie leben, zu verstehen.

Was wir Lernen nennen,
ist nur ein Prozess des Sicherinnerns.
Platon

Aristoteles war der erste große Kartograf der irdischen Ordnung. Seine politischen Schriften feiern die Auffassung, dass Menschen keine überirdische Inspiration brauchen, um herauszufinden, wie man am besten lebt und regiert. Das können sie aus sich selbst heraus. Die Antworten auf die großen wie auf die kleineren Fragen sind hier auf der Erde zu finden und warten darauf, entdeckt zu werden.

Platon sah das anders. Neben vielem anderen, was ihn auszeichnet, ist Platon der Vater der westlichen Berichte über Nahtoderlebnisse. In *Der Staat* erzählt Platon die Geschichte eines armenischen Soldaten namens Er. Er war im Krieg verwundet worden. Man hielt ihn für tot und hatte ihn auf einen Scheiterhaufen gelegt. Doch kurz bevor die Flammen entzündet wurden, erwachte er wieder und erzählte, dass er in einem Reich jenseits der Erde gewesen sei – an einem wunderschönen Ort, wo Seelen nach dem Guten oder Bösen beurteilt wurden, das sie getan hatten, während sie hier waren.

Diese Geschichte fand Platon sehr bedeutsam. Er glaubte, dass wir von diesem Ort dort oben auf die Erde herabkommen, von dem Ort, den Er während seines Nahtoderlebnisses besucht hatte, und dass wir, wenn wir tief in unser eigenes Inneres schauen, Erinnerungen an unsere Existenz dort oben zurückgewinnen können. Diese Erinnerungen können, wenn wir ihnen vertrauen und darauf aufbauen, eine unerschütterliche Orientierungshilfe sein. Sie können uns, während wir hier auf der Erde sind, in der himmlischen Erde verankern, von der wir gekommen sind. Wir müssen, um ein wunderbares griechisches Wort zu verwenden, eine *Anamnese* machen – ein Wort, das mit »Erinnerung« übersetzt wird. Der Schlüssel zum Verständnis dieser Welt und zu einem guten Leben hier auf der Erde ist die Erinnerung an den jenseitigen Ort unseres wahren Ursprungs.

Platon lebte in einer Zeit, in der man die Erde für eine flache Scheibe hielt mit Griechenland im Zentrum und ordentlich umkreist von den Himmeln. Heute leben wir in einem 13,7 Milliarden Jahre alten Universum mit einer Ausdehnung von 93 Milliarden Lichtjahren. Wir leben auf einem Planeten, der im Abstand von 149 600 000 km um einen durchschnittlichen »G2«-Stern kreist, und zwar in einer Balkenspiralgalaxie mit etwa 300 Milliarden anderer Sterne – ein Planet, der etwa 4,54 Milliarden Jahre alt ist, auf dem sich vor 3,8 Milliarden Jahren das erste Leben regte und auf dem die ersten Hominiden vor etwa einer Million Jahren auftauchten.

Wir wissen sehr viel mehr über das Universum als Platon oder Aristoteles.

Und doch wissen wir aus einer anderen Perspektive betrachtet erheblich weniger.

Eine von Platons bekanntesten Geschichten handelt von einer Gruppe von Menschen in einer dunklen Höhle. Die Menschen sind so angekettet, dass sie nur die Wand vor sich sehen können. Hinter ihnen brennt ein Feuer, und sie sehen nur Schatten an der Wand – Schatten von Formen, die ihre hinter ihnen stehenden Geiselnehmer hochhalten und umherbewegen und die vom Licht des Feuers auf die Wand geworfen werden.

Diese flackernden Schatten machen die gesamte Welt dieser Menschen aus. Selbst wenn man sie von ihren Ketten befreien und ins echte Licht des Tages entlassen würde, vermutet Platon, würde das Licht sie so blenden, dass sie nicht wüssten, was sie anfangen sollen mit dem, was sie sehen.

Es ist offensichtlich, über wen Platon in dieser weitschweifigen, aber sehr beeindruckenden Geschichte wirklich spricht: über uns.

Jeder, der Platon oder Aristoteles gelesen hat, weiß, dass ihre Auseinandersetzungen alles andere als einfach sind, und indem man sie strikt voneinander trennt, tut man ihrem Scharfsinn und ihrer Vielschichtigkeit unrecht. Aber es besteht ein deutlicher Unterschied zwischen diesen beiden Philosophen, und der hatte eine große Wirkung auf uns. Ihre Gedanken haben einen direkten Einfluss darauf, wie Sie und ich die Welt jeden Tag wahrnehmen. Platon und Aristoteles haben uns zu denen gemacht, die wir sind. Als Mitglied der modernen Welt haben Sie ihre Lektionen in sich aufgenommen, und zwar lange bevor Sie alt genug waren, um zu merken, dass Sie es getan haben. Tatsache ist nämlich, dass wir alle Metaphysiker sind. Selbst der bodenständigste, unmetaphysischste Mensch auf dieser Erde hat eine große Zahl von metaphysischen Annahmen darüber, wie die Welt in jeder Sekunde funktioniert. Wir haben nicht die Wahl, ob wir an philosophischen Fragen interessiert sind oder nicht. Aber wir haben die Wahl, ob wir uns der Tatsache bewusst sind oder nicht, dass wir als menschliche Wesen gar nicht umhinkönnen, daran interessiert zu sein.

Um die Welt zu verstehen, aus der Platon und Aristoteles kamen – und daher auch die Welt, in der wir heute leben –, müssen wir ein wenig über die Mysterienreligionen wissen, die tausend Jahre vor Platon, Aristoteles und den anderen Schöpfern des modernen Gedankenguts eine große Rolle im ganzen Mittelmeerraum spielten. Platon gehörte mindestens einer dieser Religionen an, und was er dort lernte, beseelte alles, was er schrieb. Ob auch Aristoteles einer oder mehreren dieser Religionen angehörte, ist eher zweifelhaft. Aber auch er war stark davon beeinflusst, wie viele seiner Werke, besonders die zur Konstruktion von Dramen, zeigen.

Es wird viel darüber diskutiert, in welchem Maße die Mysterienreligionen die Geisteshaltung von Jesus und den ersten Christen beeinflusst haben. Das Christentum teilt das Ritual der Taufe sowie die Vorstellung von einem Gott (oder einer Göttin), der stirbt und wieder ins Leben zurückkehrt und dadurch die Welt erlöst, mit den Mysterienreligionen. Die Mysterienreligionen und das Christentum legten gleichermaßen großen Wert auf eine Initiation – auf die Transformation ihrer Anhänger von Wesen der Erde in Wesen sowohl der Erde und als auch des Sternenhimmels.

Solche Rituale gab es in der Vergangenheit überall, nicht

nur in Griechenland. Sie waren von zentraler Bedeutung für das Menschsein. Am häufigsten fanden sie in der Pubertät statt, wenn ein junger Mann oder eine junge Frau die körperliche Reife erlangte, oder später, wenn eine Person in den Beruf einstieg, der sie von da an die meiste Zeit ihres Lebens bestimmen würde. All diese Rituale dienten einem Hauptziel: unsere spirituelle Erinnerung daran, wer wir sind, woher wir kommen und wohin wir gehen, wiederzuerwecken.

In den meisten Initiationsritualen starb der Einzuweihende symbolisch als irdischer Mensch und wurde als neuer, spiritueller Mensch wiedergeboren. Nicht auf irgendeine vage, theoretische Weise, sondern ganz real. Der zentrale Gedanke dabei war, dass wir als Menschen ein doppeltes Erbe haben, ein irdisches und ein himmlisches. Nur sein irdisches Erbe zu kennen bedeutet, nur die Hälfte von sich selbst zu kennen. Die Einführung in die Mysterien ermöglichte es den Menschen, ein direktes Wissen über das wiederzuerlangen, was man als ihre himmlische Abstammungslinie bezeichnen könnte. In gewissem Sinne wurde der Eingeführte weniger in etwas Neues verwandelt, als auf kraftvolle und unmittelbare Weise daran erinnert, als wer er von wo stammte, bevor er auf die Erde kam, und was er schon immer gewesen war.

Die eleusinischen Mysterien, benannt nach der griechischen Stadt Eleusis, wo sie stattfanden, waren die berühmtesten dieser Riten. Sie basierten auf dem Mythos von Persephone, einem Mädchen, das von Hades, dem Gott der Unterwelt, entführt und in sein Reich mitgenommen worden war. Persephones Mutter, Demeter, war derart untröstlich über ihren Verlust, dass sie schließlich einen Handel mit Hades abschloss: Persephone sollte die eine Hälfte des Jahres in der Unterwelt verbringen und die andere Jahreshälfte auf der Erdoberfläche. Die Jahreshälfte, die Persephone in der Unterwelt verbrachte, war der Winter. Im Herbst verließ das Leben mit ihr die Flüsse und die Felder, und im Frühjahr kehrte es in Form von neuem pflanzlichem und tierischem Leben zurück.

Persephone ist verwandt mit einer viel älteren Göttin namens Inanna, die von den Sumerern verehrt wurde – einem Volk, das mehrere Tausend Jahre früher gelebt hat als die Griechen, und zwar im Fruchtbaren Halbmond, der Gegend, die später zum gelobten Land der Israeliten wurde. Inanna war die Himmelskönigin, und der zentrale Mythos der Sumerer handelte von ihrem Abstieg in das Reich des Todes. Dem Mythos zufolge passierte sie auf ihrem Weg sieben Stufen der Unterwelt, und auf jeder legte sie ein anderes Kleidungs- oder Schmuckstück ab, bis sie nackt vor der Herrin des Totenreichs stand, ihrer Schwester. Inanna wurde getötet und sieben Tage lang mit einem Haken an eine Mauer gehängt. Aber ähnlich wie Persephone wurde sie wiederbelebt und kehrte auf die Erde zurück. Ihr Triumph war jedoch nur ein teilweiser, denn die Sumerer betrachteten den Tod nicht einfach nur als Feind, sondern auch als einen grundsätzlich unbesiegbaren Gegner.

Obwohl sie sich um diese uralten Mythen ranken, erzählen die Mysterien eine Geschichte mit einem anderen Ende. Angesichts der Tatsache, dass sie mehr als tausend Jahre praktiziert wurden, ist es eigentlich unglaublich, dass wir immer noch nicht genau wissen, was in den Mysterien passierte. Was wir wissen, ist, dass sie sehr dramatisch sein konnten und ihren Höhepunkt manchmal darin fanden, dass dem Eingeführten ein Objekt gezeigt wurde – manchmal etwas so Banales wie eine Weizenähre. Auf diesen Moment wurde der Initiationsanwärter gut vorbereitet, und zwar mit einer langsamen und sich stetig steigernden Inszenierung, die aus rhythmischer Musik und Tanz bestehen konnte sowie in den letzten Abschnitten des Rituals darin, dass er mit verbundenen Augen in ein Allerheiligstes geführt wurde, wo man ihm die letzten Geheimnisse enthüllte.

Dank dieser sorgfältig abgestimmten Vorbereitung hatte dieses Sehen auf dem Höhepunkt nicht nur eine profunde symbolische Bedeutung für den Eingeführten, sondern auch eine sehr reale psychische und emotionale. Er sah in dem symbolischen Objekt, das ihm offenbart wurde, mehr als nur ein gewöhnliches weltliches Ding, nämlich ein lebendiges Fenster in die jenseitige Welt. Wenn dem Eingeführten beispielsweise eine Weizenähre gezeigt wurde, dann war das nicht nur ein Symbol für die Tatsache, dass das Getreide jedes Jahr stirbt und im nächsten wieder zurückkehrt und neu wächst, sondern eine Demonstration der eigentlichen Wahrheit, um die es in den Mysterien ging: Auf den Tod folgt die Wiedergeburt. Wenn er sie in einem Zustand der gesteigerten Erwartung betrachtete, sah der Eingeführte die Ähre als ein überwältigendes und tröstliches Sinnbild für die Tatsache, dass auch er nun ins ewige Leben initiiert war. Wir sterben nicht, wenn der Tod kommt.

Nach der Einweihung in die Mysterien war der Betreffende, so heißt es, oft wie ein neugeborenes Kind, weswegen Eingeführte oft als »zweimal Geborene« bezeichnet wurden. Sie hatten eine Realität gesehen, die *viel realer* war als die Realität auf der Erde und die ihnen eine unerschütterliche Gewissheit vermittelt hatte, dass das Leben nach dem Tod weitergeht. Diese Gewissheit ging so tief, dass es im Eingeweihten einen Teil gab, der *nie* traurig war, was auch immer das Leben mit sich brachte. Dieser Teil konnte nicht traurig sein, weil der Eingeweihte durch seine direkte Erfahrung das Wissen darüber erlangt hatte, wer wir sind, woher wir kommen und wohin wir gehen. Von da an war er sozusagen ein doppelter Staatsbürger – einer, der, obwohl er noch in dieser Welt lebte, bereits einen Fuß in ein herrliches, lichtvolles Jenseits gesetzt hatte.

Vielleicht ahnen Sie schon, aus welchem anderen Grund ich diese uralten Vorstellungen in diesem Buch anspreche. Wenn Sie *Blick in die Ewigkeit* gelesen haben, sind Ihnen in meiner Geschichte möglicherweise schon ein paar bekannte Anklänge an die oben erwähnten Mythen aufgefallen. Warum diese Ähnlichkeiten? Was haben sie zu bedeuten?

Ich glaube, dass wir uns nach den Wahrheiten sehnen, die den Menschen in der antiken Welt durch die Mysterien und andere initiatorische Traditionen vermittelt wurden und die das Christentum, vor allem zu seiner Entstehungszeit, ebenfalls lehrte (eine Tatsache, die, wie ich glaube, Christen wie Nicht-Christen gleichermaßen anerkennen können, denn diese Wahrheiten reichen über sämtliche Dogmen und Unterschiede hinaus, welche die Welt heutzutage so sehr spalten). Ich glaube, dass der Himmel uns menschlich macht und dass unser Leben ohne die Gewissheit, dass der Himmel unsere wahre Heimat ist und dass wir von dort kommen und dorthin zurückkehren, keinen Sinn hat. Und ich glaube, dass die Erfahrungen, die außer mir auch so viele andere Menschen gemacht haben, uns daran erinnern sollen, dass wir diese Wahrheiten heute noch genauso kennen müssen wie in der Vergangenheit.

Lieber Dr. Alexander,
… Was mir nur Sorgen macht, ist Ihre »Regenwurm-Phase«; die finde ich erschreckend. Ich kann mir nicht helfen, aber ich frage mich, warum Sie das erlebt haben und ob Sie andere kennen, die es auch erlebt haben. Ich kann es irgendwie nicht mit meinem »Weltbild« vereinbaren und hoffe, Sie werden dieses Thema in einer künftigen Publikation ansprechen.

Ich habe beschlossen, mich zur freiwilligen Helferin in der Hospizarbeit ausbilden zu lassen. So kann ich, abgesehen davon, dass ich sterbenden Menschen vielleicht ein wenig Trost spende, mehr über das lernen, was wir als jenen Geschehenshorizont bezeichnen könnten.

Der Tod: Er ist das größte Abenteuer. Es ist verblüffend, dass wir ihn in unserer westlichen Zivilisation in einem solchen Ausmaß verleugnen. Vielleicht erklärt das viel von unserer gesellschaftlichen Fehlfunktion.

Die alten Griechen liebten das Leben. In der *Ilias* und der *Odyssee* schwingen die Freude und der Schmerz der physischen Existenz mit. Aber zur Zeit Homers, etwa fünfhundert Jahre vor Platon und Aristoteles, glaubten die Griechen nicht an den Himmel. Wenn sie an das Leben nach dem Tod dachten, stellten sie sich eine blasse, geisterhafte Welt der Phantome vor – einen Ort, der viel schlimmer und viel öder war als diese Welt. Besser ein Sklave in dieser Welt, sagt Achilles in Homers *Odyssee,* als ein König in der Unterwelt.

Viele antike Völker stellten sich das Jenseits so vor, und es scheint, als seien Riten wie die Mysterien als Reaktion auf diese universale menschliche Angst vor einem düsteren und trostlosen Jenseits entstanden. Der Tod hatte schon immer etwas Schreckliches an sich, und die antiken Völker wussten das noch sehr viel besser, als es den meisten von uns heute klar ist, weil sie den Tod jeden Tag direkt vor Augen hatten. Die Mysterientraditionen sind ein gutes Beispiel für die Auseinandersetzung vieler Völker auf der ganzen Welt mit dem Tod. Damals konnte man mit dem Tod hadern, ihn fürchten oder heiter akzeptieren. Einfach ignorieren konnte man ihn nicht.

»Seliger, wer das schaute, der sterblichen Erdbewohner! Wer teilhaftig der Weihen«, heißt es in den *Homerischen Hymnen,* einem Mysterientext über den Eingeweihten, der einen Blick über die Schrecken des Todes hinaus auf die Wunder geworfen hat, die jenseits davon liegen. Allerdings »wer's nicht ist, nicht zu vergleichen ist ihr Los, auch selber im Tod, dem schaurigen Dunkel«[4]. Jenes graue, düstere Reich hat durchaus eine gewisse Ähnlichkeit mit dem Ort, von dem aus ich mich auf meine Reise gemacht habe – mit diesem uranfänglichen, schlammigen Ort, den ich in *Blick in die Ewigkeit* als Reich der Regenwurmperspektive bezeichnet habe.

Es ist nicht immer einfach, die vielen Reiche zu bereisen, die jenseits des Körpers liegen. Das Reich der Regenwurmperspektive war, wie ich es erlebt habe, kein Ort der Furcht oder der Bestrafung. Es war kein Ort, an den man »geschickt« wurde, weil man sich nicht richtig benommen hatte. Aber mittlerweile ist mir klar geworden, dass es große Ähnlichkeit hat mit den schummrigen, moorigen, unteren Bereichen des Jenseits, wie sie von vielen antiken Gesellschaften beschrieben wurden.

Das Reich der Seele ist wie ein Ozean. Es ist unermesslich. Wenn der physische Körper und das Gehirn wegfallen, die als Puffer für diese Welt fungieren, während wir noch am Leben sind, laufen wir Gefahr, in die unteren Bereiche der geistigen Welt zu fallen – in Bereiche, die in direkter Verbindung mit den niederen Anteilen unserer Psyche stehen und als solche extrem undurchsichtig sind. Das ist es, glaube ich, wovon die Menschen der Antike sprachen, wenn sie Bereiche des Jenseits erwähnten, die trostlos, dunkel und elend waren. Und deswegen war die Initiation sowohl in Griechenland als auch in vielen anderen antiken Kulturen so wichtig. Während der Initiation wurden die Menschen an ihre wahre Identität als kosmische Wesen erinnert, deren innere Struktur ein direktes Spiegelbild der Struktur jener geistigen Welten war, die nach dem Tod auf sie warteten. Die Vorstellung, dass die menschliche Seele in den kosmischen Welten geformt wird, beinhaltet, dass man, indem man der altgriechischen Aufforderung »erkenne dich selbst« Folge leistet, zu der Erkenntnis gelangt, dass der Kosmos auch uns hervorgebracht hat. Initiationen waren teilweise oft beängstigend, weil auch die geistige Welt ihre dunkleren Bereiche hat, genau wie die menschliche Psyche. Aber größtenteils scheinen diese Initiationsriten zutiefst bestärkend gewesen zu sein. Die Initiierten wussten, dass die Riten, die sie durchlaufen hatten, sie einerseits darauf vorbereiteten, die Bürden des irdischen Lebens besser zu tragen, und andererseits darauf, ihren Weg zurück in die höheren Regionen der jenseitigen Welt zu finden, wenn sie nach ihrem Tod wieder in sie eingingen. Für die antiken Menschen war das *Realität*. Was sie dazu zu sagen hatten, basierte zumindest teilweise auf eigener Erfahrung. Deswegen kann das, was sie zu diesen Themen geschrieben haben, sehr spannend sein. Und für manche Menschen ist es geradezu beängstigend.

Aber wir brauchen nichts zu fürchten. Wenn wir erst einmal frei sind von den Puffern, die uns unser physischer Körper und unser Gehirn zur Verfügung stellen, werden wir dorthin gelangen, wo wir hingehören. Selbst wenn wir nicht perfekt sind (und darüber weiß ich ein wenig, weil ich definitiv nicht perfekt bin), werden wir es bis in jenes Reich des Lichts und der Liebe und des Angenommenseins schaffen. Es geht nicht darum, ein Heiliger zu sein oder perfekt (was wir auf einer tief spirituellen Ebene schon jetzt sind). Ich glaube, es geht vielmehr darum, offen zu sein. Offen genug, um uns selbst zu erlauben, aus den dunklen Bereichen des Jenseits, die mit dem Meer unserer eigenen dunkleren und schummrigeren Regionen korrespondieren, in jene Regionen des Lichts gezogen zu werden, in die wir alle eingehen können, wenn wir nur wollen.

Ich glaube, ich wurde gerettet, weil ich, sobald ich meinen physischen Körper hinter mir gelassen hatte, offen genug und bereit war, Ja zu sagen zu der kreisenden Melodie und zu dem Licht, das von ihr ausging, sich herabsenkte und mir das Tor zu den höheren Ebenen öffnete. Es bot mir an, mich zu führen, und ich brauchte nicht lange, um wortlos Ja zu sagen zu seiner Einladung, ihm hinauf in die Welt des Lichts zu folgen. Dieser Teil von mir reagierte mit Freude und Erleichterung, als es strahlende goldene Fäden aussandte und sich herabsenkte, um mich zu »abzuholen«. Es gibt aber sehr wohl Menschen, die nicht offen sind für dieses Gute, wenn es ihnen entgegenkommt. Wenn sich das Licht herabsenkt, sagt nichts in ihnen Ja dazu. Also bleiben sie, wo sie sind – im Dunkeln –, bis sie bereit sind, dort herausgeholt zu werden. Dies von vornherein zu wissen ist von unschätzbarem Wert. Deswegen war das Wissen über die Existenz der jenseitigen Welten und darüber, wie sie aussahen, für die Menschen der Antike eines der größten Geschenke des Himmels.

2

Das Geschenk des Sinns

Mehr als von allem anderen hängt die Zukunft der Zivilisation davon ab, welche Beziehung die beiden mächtigsten Kräfte der Geschichte, Wissenschaft und Religion, miteinander eingehen.

Alfred North Whitehead, Philosoph (1861–1947)[5]

Ganz im Geist der ihm vertrauten Mysterienreligionen stellte Platon die homerische Philosophie vom Jenseits, die generell davon ausging, dass jene trostlose, graue Region alles war, was Menschen sich erhoffen konnten, auf den Kopf. Wenn wir ihre höheren Gestade erreichen, ist die jenseitige Welt alles andere als eine Herabstufung, eine Verminderung der Pracht, des Sonnenscheins und der Freude des irdischen Lebens, sondern sehr viel realer, plastischer und lebendiger als dieses. Was uns nach dem Tod erwartet, so Platon, ist die wahre Welt, und das ganze irdische Leben ist nur eine Vorbereitung darauf. Daher seine berühmte Maxime, dass jede wahre Philosophie »eine Vorbereitung auf den Tod« ist.

Platon spricht direkt zu uns, wenn er das sagt. Anders als sein Lehrer Sokrates, der uns, wie Jesus, nichts Schriftliches hinterlassen hat, glaubte Platon an den Wert des Schriftlichen – daran, dass es Sinn macht, wichtige Gedanken in aufgeschriebenen Worten zu bewahren, nicht nur in der

Erinnerung, sodass die vergesslichen Menschen auch künftiger Zeitalter lernen können, was sie wirklich wissen müssen. Die Wahrheiten der Mysterienreligionen brauchten neue Ausdrucksformen. Er sah oder glaubte zu sehen, wohin sich die Dinge entwickelten. Wie alle großen spirituellen Lehrer war er davon überzeugt, dass die Wahrheit dazu da ist, verbreitet zu werden. Und wie Jesus und viele andere spirituelle Lehrer hatte auch er seine Zweifel, was die Fähigkeit der Menschen zuzuhören angeht. In seinen Schriften gibt uns Platon Antworten auf die drei großen Fragen, die wir zu Beginn dieses Buches aufgelistet haben. Er schrieb sie absichtlich und wohlüberlegt nieder, sodass sie für diejenigen, die nach ihm kamen, nicht verloren waren. Es ist vielleicht nicht übertrieben zu sagen, dass er sie für uns zu bewahren versuchte.

Aber – und das ist ein wichtiger Grund, warum ich als Wissenschaftler seine Geschichte so verlockend finde – Platon brauchte Aristoteles, um seine Botschaft zu vervollständigen. Indem er sagte, dass der Tod besser ist als das Leben, bereitete Platon den Weg für all die verschiedenen Ideologien, welche die physische Existenz verunglimpfen – von negativen, existenzialistischen Philosophen, die sagen, dass das Leben sinnlos sei, bis hin zu Fegefeuer-Predigern, welche die irdische Existenz als von Grund auf böse betrachten.

Aristoteles war ein Korrektiv dafür. Indem er auf die Wunder der physischen Welt aufmerksam machte und sie mit einem klaren Blick für die sich darin manifestierende Ordnung aufzeichnete, begründete er eine Tradition der disziplinierten Beobachtung und begeisterten Würdigung der materiellen Welt, die eine außerordentlich wichtige Rolle für die Entstehung der modernen Naturwissenschaft spielte.

Was wir heute brauchen, ist eine Kombination aus den besten platonischen und den besten aristotelischen Ideen. Nach solch einer neuen, kombinatorischen Sichtweise hungern die Menschen, weil sie dem entspricht, was sie aus eigener Erfahrung gelernt haben. Mittlerweile wird von vielen anerkannt, dass die Unterschiede zwischen den Lehren von Platon und Aristoteles die Grundlagen dessen betreffen, was uns ausmacht. (In seinem neuesten Buch *The Cave and the Light* erzählt beispielsweise Arthur Herman die gesamte Geschichte der westlichen Kultur und verwendet dabei den grundlegenden Unterschied zwischen Platon und Aristoteles als Bezugssystem.) Es ist von entscheidender Bedeutung, dass dieses Wissen nicht auf verstaubte Geschichtsbücher beschränkt bleibt. Es ist das Wissen, das wir jetzt brauchen.

Ich glaube, dass uns das kommende Zeitalter vor schreckliche Herausforderungen stellt. Das begreifen allmählich alle. Aber es könnte auch ein Zeitalter sein, in dem der Himmel und alles, was dazugehört, wieder ernst genommen wird. Wenn das geschieht – wenn sich genügend Menschen zu Wort melden und anfangen, über die Art von Erfahrungen zu berichten, die in diesem Buch beschrieben werden –, werden sich die Gezeiten des Glaubens wirklich verändern. Die platonischen und die aristotelischen Gedanken werden zusammenkommen wie nie zuvor, und die größte weltanschauliche Veränderung der Geschichte wird stattfinden.

Das soll nicht heißen, dass, wenn dies geschieht, die Geheimnisse der unfassbar weiten Welten des Geistes, die jenseits der physischen Welt liegen, unters Mikroskop gelegt und untersucht werden. Das Universum – und ganz besonders dieser höchst mysteriöse, persönliche und schwer zu definierende Teil des Universums namens Bewusstsein – kann nicht so behandelt werden. Wenn Sie das Bewusstsein untersuchen und die Dinge des Himmels (der nicht materiellen Reiche) studieren wollen, müssen Sie demütig und hoffnungsvoll an die Tür klopfen, wie Jesus es vorgeschlagen hat, und bitten, nicht fordern, eingelassen zu werden.

In diesem Sinne könnte man sagen, dass die Wissenschaft wieder so etwas wie eine moderne Mysterienreligion werden muss. Sie muss sich der Wahrheit in aller Demut nähern, mit dem Hut in der Hand. Sie muss wieder lernen, Dinge vom Universum zu erbitten, statt sie einzufordern. Mit anderen Worten, sie muss sich den Beweisen unterordnen, die das Universum über sich selbst liefert. Und Tatsache ist, dass das Universum der modernen Naturwissenschaft mehr als hundert Jahre lang Beweise dafür geliefert hat, dass es in erster Linie geistig ist und erst in zweiter physikalisch. Das Problem ist nicht der Beweis, sondern die Tatsache, dass so viele Naturwissenschaftler zu stur sind, diese Beweise zur Kenntnis zu nehmen.

Die Wissenschaft – und vielleicht ganz besonders die Medizin – hatte immer einen initiatorischen Aspekt. Sie war schon immer ein Klub mit Regeln für die Mitglieder und einer Geheimsprache, die von Außenstehenden nicht verstanden wurde, sowie mit Martyrien und Prüfungen, die man bestehen musste, bevor man ins innere Heiligtum vorgelassen wurde und sich wirklich als Mitglied bezeichnen durfte. Ich sollte das am besten wissen. Ich erinnere mich noch lebhaft an den Tag, an dem ich meinen Abschluss an der Medizinischen Hochschule machte, an den Tag, an dem ich zum ersten Mal allein operierte, an den Tag, an dem ich erstmals maßgeblich daran beteiligt war, einem Menschen das Leben zu retten. Das moderne Leben ist voll von allen möglichen Gruppen, die etwas Initiatorisches an sich haben. Studentenverbindungen, soziale Gruppen und Sportvereine … All die Initiationszeremonien (und die qualvollen und manchmal kontrovers diskutierten Martyrien, die oft immer noch damit einhergehen) dieser Organisationen wurzeln in den Initiationsriten, die das Leben der Menschen in der antiken und urzeitlichen Welt definierten und prägten. Meine gesamte Fallschirmspringerkarriere am College was nichts anderes als ein weiterer – wirklich wunderbarer – Klub der Eingeweihten. Ich werde nie die drei Worte vergessen, die mein Ausbilder – man könnte ihn auch als meinen Initiationsmeister bezeichnen – damals im September 1972 zu mir sagte, als sich die einmotorige Cessna 195, in der wir saßen, ausrichtete und sich die Tür für meinen ersten Sprung öffnete: »Bist du bereit?«

Lieber Dr. Alexander,
ich bin Yogalehrerin und geistige Heilerin. Daher sah ich,
dass meine Mutter sehr litt, als mein Vater im Sterben lag.
Er ließ seine ganze Wut an ihr aus, als er die Kontrolle
über sein Leben verlor. Sie liebte ihn weiterhin bedin-
gungslos, fühlte sich aber dennoch beraubt. Ihr ganzes
Leben hatte sich immer nur um ihn gedreht. Einmal hat

sie sogar zu mir gesagt, wenn er nicht mehr da sei, würde sie aufhören zu essen.

Drei Monate vor diesem Ereignis hatte ich den Heiligen Geist um zwei Dinge gebeten. Erstens, dass mein Vater Liebe »fühlen« möge. Als hart arbeitender Mann hatte er das Glück immer in der nächsten Gehaltserhöhung, in der nächsten Beförderung, im nächsten Golfspiel gesucht. Wütend und frustriert bat ich, er möge diese Liebe mit seinem ganzen Wesen erfahren. Zweitens bat ich, dass meine Mutter irgendwie wissen möge, dass er noch am Leben war, auch nachdem er seinen Körper verlassen hatte.

… Eines Tages … nahm er die Hand meiner Mutter und meine, und Tränen liefen ihm übers Gesicht. Er schaute sie an und sagte: »Mein ganzes Leben habe ich nur nach dir gesucht. Du bist die Liebe meines Lebens.« Dann sagte er auch noch, wie sehr er meine Schwester und mich liebte und wie viel wir ihm bedeuteten. Bald weinten wir alle und sprachen direkt aus dem Herzen. Er schlief ein. Als er wieder aufwachte, hatte er keine Erinnerung an diesen Vorfall. Doch für meine Mutter und mich war er sehr erhebend gewesen, und ich dankte dem Göttlichen noch Tage danach.

[Nachdem mein Vater gestorben war,] bat mich meine Mutter, in drei Wochen wiederzukommen und ihr zu helfen, mit dem Essen aufzuhören … Zwei Wochen später rief sie an und sagte, sie habe vor, von Florida nach Maine zu kommen und Weihnachten mit uns zu feiern; sie habe ein paar aufregende Neuigkeiten, die persönlich überbracht werden müssten. Als sie dann im Haus meiner

Schwester war, bat sie mich, mich an ihr Bett zu setzen. Ich fragte, was sie so verändert habe. »Es ist schwer zu glauben«, sagte sie, »aber vor drei Nächten wachte ich auf, und euer Vater saß am Fußende meines Bettes.« »War das ein Traum, Mama?« fragte ich. »Nein. Er war realer als du jetzt. Und er sah aus wie 45. Er schaute mich mit so viel Liebe, mit einer so absoluten Liebe an, dass ich wusste: Er wartet auf mich.« Ich war sprachlos angesichts der Veränderung, die sich in ihr vollzogen hatte. Kein Leiden mehr, sie war an einem Ort des Friedens.

Bald darauf beschloss sie, sich ein Aneurysma operieren zu lassen … Die Schwestern sagten, sie habe sich nie beklagt, und es habe den Anschein gehabt, als sei sie von einem Licht umgeben. Mir selbst ist das auch aufgefallen. Mithilfe von Physiotherapie versuchte sie, ihre körperliche Kraft wiederzugewinnen. Aber die Operation war letztlich nicht erfolgreich. Gelassen bat sie, die Beatmungsmaschine abzustellen, und ich saß bei ihr, als sie losließ. Wir hatten viel Zeit, miteinander zu sprechen, zu lachen und uns wirklich kennenzulernen, bevor sie ging.

Sie wusste, dass sie ein reiner Geist war, der eine menschliche Erfahrung macht und ewig ist und geliebt wird. Ich danke dir, du göttliches Eins, und ich danke all den Lehrern, die hier sind, um uns zu helfen, unser wahres Wesen zu erfahren.

Mittlerweile habe ich das Gefühl, dass die Reise, die ich in *Blick in die Ewigkeit* beschrieben habe, eine Art moderne Mysterieninitiation war, in deren Verlauf ich, genau wie jemand, der in die Mysterien eingeweiht wurde, mit meiner alten Weltsicht starb und mit einer neuen geboren wurde. So viele Menschen erleben Ähnliches wie ich: spirituelle Erfahrungen, die sie von Grund auf verändern. Es ist fast, als durchliefen wir als Kultur gemeinsam eine Masseninitiation. Darauf hat auch der zeitgenössische Kulturhistoriker und Bewusstseinsforscher Richard Tarnas hingewiesen:

Ich glaube, dass die Menschheit in die entscheidenden Phasen eines Stirb-und-werde-Mysteriums eingetreten ist. Der gesamte Weg der westlichen Zivilisation hat die Menschheit und den Planeten in eine initiatorische Transformation geführt, zunächst mit der Atomkrise, dann gefolgt von der Umweltkrise – eine Konfrontation mit einer Sterblichkeit, die nicht mehr individuell und persönlich ist, sondern vielmehr transpersonal, kollektiv, den gesamten Planeten betreffend.[6]

Das liegt keineswegs in der Zukunft. Es geschieht jetzt. Eine neue Sicht der Wirklichkeit bildet sich langsam, aber sicher heraus – nicht nur in den Köpfen zeitgenössischer Denker wie Tarnas, sondern auch bei ganz gewöhnlichen Menschen. Menschen, die einen flüchtigen Blick auf das erhascht haben, was wir wirklich sind, wo wir wirklich herkommen und wirklich hingehen, und die wie ich nach einem neuen Vokabular suchen und nach einer Weltanschauung, die dazu passt.

Das ist leichter gesagt als getan. Wie ersetzt man eine alte Weltanschauung durch eine neue, ohne in ein schieres Chaos zu verfallen? Wie macht man den Schritt von einer Weltordnung in eine andere, ohne dass man Gefahr läuft, auszurutschen und zwischen die beiden zu fallen? Dazu braucht man Mut. Und ich glaube, dass wir diesen Mut bekommen, wenn wir darum bitten.

Es liegt in der Verantwortung der Wissenschaftler, Wissen niemals zu unterdrücken, egal, wie heikel dieses Wissen ist, und egal, wie sehr es die Mächtigen auch beunruhigen mag. Wir sind nicht schlau genug, um zu entscheiden, welche Wissensstückchen statthaft sind und welche nicht.

Carl Sagan (1934–1996)

In ihrem 1987 erschienenen Buch *A Farther Shore* (kürzlich unter dem Titel *Farther Shores* neu aufgelegt), beschreibt die Ärztin Yvonne Kason ein Nahtoderlebnis, das sie während ihrer Ausbildung zur Ärztin hatte, als sie mit einem kranken Patienten unterwegs war. Das kleine Flugzeug, in dem sie saßen, musste auf einem eisigen kanadischen See notlanden. Während das Wasser die Kabine flutete, mühte Yvonne sich ab, ihren Patienten, der auf einer sperrigen Transportbahre festgeschnallt war, durch die vordere Kabinentür zu schieben. Bis Kason endlich merkte, dass die Bahre zu breit war, um durch die Tür zu passen, waren ihre Hände steif gefroren und praktisch nutzlos. Sie kroch auf allen vieren durch die überflutete Tür und schwamm in Richtung Ufer.

Eben noch heftig hustend, gefühllos am ganzen Körper und kaum in der Lage, ihr Gesicht über das eiskalte Wasser zu halten, fand sich Yvonne plötzlich leicht und ruhig mehrere Hundert Meter über dem See schwebend wieder. Mit absoluter Klarheit sah sie sich selbst, wie sie in Richtung Ufer schwamm, und das halb versunkene Flugzeug, dem sie gerade entkommen war. Sie wusste, dass der Patient, der im Flugzeug immer noch an die Bahne geschnallt war, vermutlich dem Tod geweiht war und dass dies angesichts der Strömung und der Temperatur des Wassers wahrscheinlich auch für sie selbst galt. Und doch war sie ganz mit sich im Reinen. Sie wusste, dass sie, was auch immer geschehen würde, geliebt und umsorgt wurde. Ihr konnte nichts Schlimmes passieren.

Zusammen mit zwei anderen aus dem versunkenen Flugzeug kämpfte sich Kason bis zum gefrorenen Ufer des Sees und wartete auf Hilfe. Irgendwann kam ein Hubschrauber, und Yvonne schaffte es »in der Schwebe zwischen einem paranormalen und einem normalen Bewusstseinszustand«, wie sie in ihrem Buch schreibt, schließlich bis ins Krankenhaus, wo die Schwestern sie in einen Hydrotherapieraum schafften und in einen Whirlpool legten.

»Als ich in das heiße, sprudelnde Wasser eintauchte«, schreibt sie, »spürte ich, wie mein Bewusstsein in seinem eben noch erweiterten Zustand schrumpfte und durch den höchsten Punkt auf meinem Kopf wieder zurück in den Körper gezogen wurde. Das fühlte sich etwa so an, wie ich mir vorstelle, dass sich ein Flaschengeist fühlt, wenn er gewaltsam in seine kleine Flasche zurückgesaugt wird. Ich hörte ein Zischen, hatte das Gefühl, nach unten gezogen zu werden, und plötzlich war mir klar, dass ich mich wieder ganz in meinem Körper befand.«

Das ist eine unglaubliche Geschichte, aber was Kason

anschließend passierte, ist noch außergewöhnlicher. »In den Monaten der Transformation nach meinem Nahtoderlebnis«, schreibt sie, »fühlte ich mich psychisch stark, klar und zentriert. Ich spürte eine ungeheure innere Stärke und den Mut, mich ehrlich zum Ausdruck zu bringen. Etwa fünfzehn Jahre später ist diese Erfahrung immer noch eine Quelle enormer Inspiration. Und was noch wichtiger ist: Damit begann ein Prozess der spirituellen Transformation, der bis zum heutigen Tag andauert.«

Aber diese Transformation vollzog sich nicht schlagartig oder ganz ohne die eine oder andere Erschütterung für Kasons alte Sicht der Realität. Sie schreibt:

Als ich schließlich wieder anfing zu arbeiten, war das Gefühl in meinen Fingerspitzen weitgehend wieder da, und ich fühlte mich körperlich und emotional gut – aber ich wusste immer noch nicht, dass ich ein Nahtoderlebnis gehabt hatte, und ich wusste ganz sicher nicht, dass ein Nahtoderlebnis den Geist offen machen konnte für übersinnlichen Input. Stellen Sie sich vor, was für ein Schock es für mich war, als ich etwa zwei Monate nach dem Flugzeugunglück meine erste übersinnliche Erfahrung machte.

Eines Abends nach der Arbeit fuhr ich zu meiner Freundin Susan. Als ich an einer roten Ampel anhielt, tauchte plötzlich ein klares, strahlendes, fast glühendes Bild vor meinem inneren Auge auf: ein ganz von Eiter ummanteltes Gehirn. Das Bild war so klar, dass ich verblüfft war.

Ich war sicher, dass es sich bei dem Bild, das ich da sah, um Meningitis handelte – Hirnhautentzündung. Ich war auch sicher, dass es Susans Gehirn war. Zunächst war ich so verunsichert, dass ich beschloss, dieses Erlebnis niemandem gegenüber zu erwähnen. Aber als ich bei Susan ankam, fragte ich sie, wie sie sich fühle. Sie erzählte mir, dass sie schon seit mehreren Stunden starke, ungewöhnliche Kopfschmerzen habe – ein klassisches Symptom von Meningitis. Ich wollte ihr keine Angst machen, aber um sicherzugehen, fragte ich sie nach anderen üblichen Symptomen von Meningitis. Obwohl sie keines davon hatte, verfolgte mich das Bild des schrecklichen, von Eiter bedeckten Gehirns, und ich hatte das Gefühl, etwas sagen zu müssen. Zögernd erzählte ich ihr von meiner Vision und was sie meiner Meinung nach bedeutete. Sie dachte einen Moment nach und fragte dann, woran sie erkennen könne, ob ihre Kopfschmerzen ein Hinweis auf eine beginnende Meningitis waren.

Yvonne erklärte die Symptome und ließ sich von Susan versprechen, dass sie, wenn sich diese Symptome entwickelten, in die Notaufnahme gehen würde. Beides geschah. »Als sie in die Notaufnahme kam«, schreibt Yvonne, »machten die Ärzte eine Lumbalpunktion und bestätigten, dass sie eine seltene, oft tödlich verlaufende Art von Meningitis hatte. Die frühe Diagnose erlaubte es den Ärzten, sie erfolgreich zu behandeln, und nach zwei Wochen konnte sie wieder nach Hause gehen.«

Yvonne wusste zunächst nicht, was sie mit dieser neuen Fähigkeit anfangen sollte. Erst als sie ein paar Jahre später Kenneth Ring, meinen Kollegen in Sachen Nahtod-

Studien, kennenlernte, erfuhr sie, dass eine wachere Wahrnehmung der Welt eine häufige Folge von Nahtoderlebnissen ist.

In seinem 1949 erschienenen Klassiker *The Hero with a Thousand Faces* (dt. *Der Heros in tausend Gestalten*) behauptet Joseph Campbell, dass alle Mythen und Legenden im Prinzip nur eine Geschichte erzählen. Diese lautet kurz zusammengefasst so: Ein Individuum geht seinen alltäglichen Verrichtungen nach (wir wählen hier aus praktischen Gründen das neutrale Wort Individuum, denn es gibt sowohl Helden als auch Heldinnen), wird dann plötzlich mitten aus dem Leben gerissen und in eine fremdartige neue Umgebung versetzt. Dort durchläuft es alle möglichen Prüfungen und seelischen Erschütterungen, und das Ganze gipfelt in einem Zusammentreffen mit einem Gott oder einer Göttin. Bei einem Helden handelt es sich hier in der Regel um ein Treffen mit einem außerordentlich schönen und klugen weiblichen Wesen – einer Art Engel –, das den Helden in noch höhere Gefilde begleitet, vielleicht ganz bis zum Göttlichen. Dieses engelgleiche Wesen ist sowohl ganz anders als der Held, als auch gleichzeitig – mit jener eigenartigen Logik, die Mythen und Träume aufweisen können – sein innerstes Selbst.

Ein weiteres Element, das in dieser universalen Geschichte häufig vorkommt, besteht darin, dass der Held irgendeine Art von Wunde hat. Er hat eine Schwäche, die ihn quält und davon abhält, seine Bestimmung zu erfüllen. Durch das Zusammentreffen in der jenseitigen Welt wird diese Wunde geheilt. Wenn der Held in die Welt zurückkehrt, aus der er gekommen ist, ist er ein anderer Mensch.

Er wurde eingeweiht, und wie alle Eingeweihten ist er nun ein Bewohner zweier Welten.

Es gibt oft einen Abschnitt in einer solchen Geschichte, in dem sich der Held mit der Bedeutung dessen auseinandersetzt, was ihm widerfahren ist. Es war mit Sicherheit real genug, während es geschah. Aber war das Ganze vielleicht nur ein Traum?

Dann werden sein Abenteuer und die Lektionen, die er in der anderen Welt gelernt hat, durch ein kleines, vielleicht unbedeutendes Ereignis bestätigt. Er bekommt einen Beweis dafür, dass sein Abenteuer real war. Ihm wird ein für alle Mal klar, dass sein Besuch an jenem Ort nicht nur ein Traum war und dass der Schatz, den er von dort mitgebracht hat, ebenfalls handfest und real ist.

Kommt Ihnen das bekannt vor?

Einzuweihende/Helden werden oft in eine Krypta, ein Grabmal oder an ähnliche Orte gelegt, wo ihr Körper bleiben kann, während ihre Seele die anderen Welten bereist. In meinem Fall war die »Krypta« Bett Nr. 10 auf der Intensivstation, in dem ich bewegungslos lag, umgeben von meinen Freunden und Familienmitgliedern, während mein wahres Selbst zum Torweg und zum Zentrum reiste. Schamanen versammeln oft ihre ganze Familie und ihre Freunde um sich, wenn sie sich in Trance begeben und ihre Seele den Körper verlässt, um in die Welten über und unter der Erde zu reisen. So hatte auch ich meine Söhne Bond und Eben IV, meine Exfrau Holley, meine Mutter Betty und meine Schwestern Jean, Betsy und Phyllis um mich versammelt, die permanent über mich wachten, bis ich meine Reise beendet hatte.

Meine Wunde war ein lebenslanges unbewusstes Ringen mit dem Gefühl, dass ich es nicht wert war, geliebt zu werden – jenem Gefühl, das daher kam, dass ich als kleines Kind verlassen und adoptiert worden war. In meinem Nahtoderlebnis gab mir mein Schutzengel die erhabene, bedingungslose Liebe, die auch viele andere, die außerhalb ihres Körpers unterwegs waren, gut kennen. Und damit begann meine tief greifende Heilung.

Meine Geschichte war besonders dramatisch. Aber seit meiner Rückkehr habe ich erfahren, dass verschiedene Menschen immer wieder Versionen dieser einen Geschichte durchleben. Genau deswegen gab Campbell seinem Buch den Titel, den es trägt. Er weist darauf hin, dass wir alle Helden sind. Und wir begeben uns alle auf ganz ähnliche Reisen.

Mittlerweile ist mir klar, dass dies ein wichtiger Grund ist, warum ich nie müde werde herumzureisen und meine Geschichte zu erzählen (was ich praktisch nonstop getan habe, seit *Blick in die Ewigkeit* erschienen ist), und warum die Leute nicht müde werden, sie sich anzuhören. Je öfter ich sie erzähle, desto mehr Kraft gibt sie mir. Und je öfter ich in den Augen jener, denen ich sie erzähle, sehe, wie gut sie ankommt, desto größer ist meine Freude und Dankbarkeit.

In vielen Initiationsszenarien wird der Held mit einem schrecklichen Monster konfrontiert und muss es besiegen. Die bakterielle Meningitis, an der ich litt und die Yvonne auf ihre übersinnlichen Fähigkeiten aufmerksam machte, war das moderne medizinische Gegenstück eines dieser wilden Drachen oder menschenfressenden Monster, mit denen es die Helden der Mythen und Legenden so oft zu tun haben. Bakterielle Meningitis frisst einen buchstäblich auf.

Yvonnes Martyrium im eisigen Wasser des Sees erinnerte mich auch daran, dass viele Initiationsszenarien mit einem Eintauchen in Wasser beginnen. Meine eigene Geschichte hatte in der Tat auch mit einem Eintauchen in Wasser begonnen – allerdings von ganz anderer Art. *Blick in die Ewigkeit* beginnt damit, dass ich früh an einem Montagmorgen mit furchtbaren Rückenschmerzen aufwachte, mich kurz darauf in meine Badewanne legte und so versuchte, die Schmerzen zum Verschwinden zu bringen.

Wasser ist ein Ursymbol der Wiedergeburt. Die antiken Mysterienrituale beinhalten oft ein Eintauchen in Wasser als zeremonielles Untertauchen oder rituelle Waschung. Die Taufe war und ist eine zeremonielle Art, den »Schmutz« abzuwaschen, der sich auf unserer irdischen Reise angesammelt hat und den wir nun fortspülen, damit wir unser ursprüngliches, himmlisches Wesen wiedererlangen können.

Damals dachte ich allerdings nicht so darüber. Ich hatte einfach nur schreckliche Rückenschmerzen, war genervt, weil ich zu spät zur Arbeit kommen würde, und wollte einfach mit meinem Alltagstrott fortfahren.

Sobald ich es wieder aus der Wanne geschafft hatte, zog ich meinen roten Frottee-Bademantel an (ein Leser informierte mich später, dass rote Roben in den frühchristlichen Taufzeremonien eine rituelle Bedeutung hatten) und ging langsam und unsicher wie ein Baby zurück ins Bett. Wie viele Eingeweihte vor mir, musste auch ich erst werden »wie ein kleines Kind«, bevor ich in meine Heimat zurückreisen konnte. Und auf irgendeiner Ebene wusste ich das – obwohl ich bewusst überhaupt nichts dergleichen wusste.

Hier wie an so vielen anderen Stellen in der Geschichte

waren die mythisch-rituellen Details nicht vorausgeplant, sondern sie waren einfach da. In meiner Geschichte wie überall im Leben liegt der Sinn im Leben selbst. Wenn wir ihn suchen, werden wir ihn auch finden. Wir müssen dem Leben keinen Sinn überstülpen.

Lieber Dr. Alexander,
am 10. November 2007 wurde ich in La Grange, Texas, von einer Giftschlange gebissen. Nach etwa 110 Kilometer Flug im Hubschrauber bekam ich 6 Einheiten Blut und 18 Einheiten Antiserum, und der Notarzt in Austin war überzeugt, dass ich es nicht überleben würde. Ich lag nur zwei Tage auf der Intensivstation, aber in den ersten 12 Stunden oder so war ich bewusstlos. Obwohl ich mich nicht wie Sie an Einzelheiten erinnere, bin ich überzeugt, dass ich mich mit meinem Vater unterhalten habe, der damals Alzheimer im Endstadium hatte. Er starb nicht einmal zwei Monate später, aber als ich ihn zwei Tage vor seinem Tod besuchte, geschah etwas, was mir die Augen öffnete. Kurz bevor wir auseinandergingen, nahm der Mann, der monatelang praktisch nicht ansprechbar gewesen war und mich nicht erkannt hatte, meine Hand und … schaute mich mit weit offenen Augen an, als wolle er sagen: »Es wird alles gut, geh jetzt.«
Ich habe auch nach seinem Tod nie wirklich mit jemandem über diesen Vorfall gesprochen, außer mit meiner Frau, die damals bei mir war. Ich habe immer das Gefühl gehabt, dass wir irgendwie unwissentlich kommuniziert hatten, und jetzt, nachdem ich Ihr Buch gelesen habe, bin ich überzeugt, dass es so war. Außerdem

hat sich nach meinem Erlebnis meine Art, über den Tod (meinen eigenen sowieso) zu denken, verändert, und zwar dahin gehend, dass ich keine Angst mehr vor dem Sterben habe und mich fast unbesiegbar fühle. Nicht auf eine selbstmörderische, sondern auf eine sehr angenehme Weise, was bedeutet, dass ich den Tod nicht fürchte, sondern fast umarme. Ich habe immer an Gott geglaubt, wie meine ganze Familie, aber ich habe das Gefühl, dass ich damals auf eine Weise in Kontakt mit Gott gestanden habe, die ich bis heute nicht verstehe. Ich möchte Sie nur wissen lassen, dass ich mehr und mehr das Gefühl habe, dass dies kein Traum war, obwohl ich immer noch nicht ganz verstehe, was in der Zeit, in der ich bewusstlos war, wirklich mit mir passiert ist. Ich danke Ihnen für Ihr wunderbares Buch und wünsche Ihnen weiterhin viel Erfolg bei der Vermittlung seiner Botschaft an möglichst viele Menschen.

Thomas Mueller

Die afrikanische Volksgruppe der Dogon hat ein interessantes Wort für Symbol: »Wort dieser unteren Welt.« Diese materielle Welt ist durch und durch symbolisch. Sie versucht ständig, mit uns zu sprechen und uns an das zu erinnern, was sich hinter und über ihr befindet. Wenn wir Bücher lesen oder uns Filme anschauen, erwarten wir symbolische Untertöne. Aber das Leben selbst ist voller Symbole. Sinn und Bedeutung ist nicht etwas, was wir dem Leben geben. Es ist bereits da.

Deswegen habe ich mich immer mehr für das interessiert, was der Psychologe Carl Jung Synchronizität genannt hat: die seltsame Art, wie Ereignisse in unserer scheinbar beliebigen, bedeutungslosen Welt manchmal eindeutig *nicht* beliebig eintreten. Wir alle erleben Synchronizitäten. Nicht einfach nur Zufälle, sondern hundertprozentige Verknüpfungen von Ereignissen, deren Sinn und Bedeutung offensichtlich sind. Jung spürte, dass solche Ereignisse so real waren, dass sie nach wissenschaftlicher Aufmerksamkeit verlangten. Das war damals in den zutiefst materialistischen Jahren Mitte des 20. Jahrhunderts eine bemerkenswerte Einsicht.

Und sie war absolut skandalös. »Sinn« war für seine Wissenschaftlerkollegen nicht nur ein unwissenschaftliches Wort, es war regelrecht antiwissenschaftlich, weil Sinn von ihnen für eine Illusion und Projektion gehalten wurde. Wir würden, so argumentierten sie, den Sinn in unseren Köpfen zusammenkochen und ihn in der Hoffnung in die Welt kippen, dass etwas davon kleben bleibt. Würden wir diesen Sinn als etwas Reales annehmen, würden wir zurückfallen in den bodenlosen Abgrund des Unwissens und Aberglaubens, aus dem uns die Wissenschaftler in so langer und mühevoller Arbeit herausgezogen hätten. Philosophen und Dichter könnten sich fragen, welchen Sinn die Dinge haben und was sie bedeuten. Wissenschaftler könnten das nicht. Das wusste Jung sehr wohl. Aber er ließ sich nicht beirren und machte es trotzdem.

Die bekannteste Synchronizität in Jungs Leben ereignete sich während einer Sitzung mit einer Patientin, die ihm einen Traum schilderte, in dem ihr ein goldener Skarabäus geschenkt worden war, ein geschnitzter ägyptischer Käfer.

»Ich saß, während sie mir den Traum erzählte, mit dem Rücken gegen das geschlossene Fenster. Plötzlich hörte ich hinter mir ein Geräusch, wie wenn etwas leise an das Fenster klopfte. Ich drehte mich um und sah, dass ein fliegendes Insekt von außen gegen das Fenster stieß. Ich öffnete das Fenster und fing das Tier im Fluge.«

Als der genaue Naturbeobachter, der er war, hatte Jung den Käfer schnell identifiziert. »Es war die nächste Analogie zu einem goldenen Skarabäus, welche unsere Breiten aufzubringen vermochten, nämlich ein Scarabaeide (Blatthornkäfer), *Cetonia aurata,* der gemeine Rosenkäfer, der sich offenbar veranlasst gefühlt hatte, entgegen seinen sonstigen Gewohnheiten in ein dunkles Zimmer gerade in diesem Moment einzudringen.«[7]

Heute machen Menschen auf der ganzen Welt Erfahrungen, gewaltige oder auch scheinbar unbedeutende, die eine einzige Botschaft vermitteln: Die Welt hat einen Sinn und eine Bedeutung. Die höheren Welten sprechen zu uns, wo immer wir auch sind. Wir brauchen nur zuzuhören. Wie ich haben auch diese neuen Eingeweihten ihre Augen geöffnet für ein Mysterium, das über alle Diskussionen zwischen einzelnen Religionen, zwischen Religion und Naturwissenschaft, zwischen Glauben und Nicht-Glauben hinausweist. Wir, die wir solche Erlebnisse hatten, sind Menschen geworden, bei denen ein zerstörerischer Riss (von dem wir noch nicht einmal wussten, dass er da war) tief in der eigenen Psyche geheilt wurde. Der Geist von Platon und der von Aristoteles kommen in uns zusammen. Und als Ergebnis davon finden wir uns in einer neuen Welt wieder.

Lieber Dr. Alexander,

ich möchte vorausschicken, dass ich noch NIE zuvor an einen Autor geschrieben habe. Am 21. Oktober 2013 wurde unser 25-jähriger Sohn wegen etwas, wovon wir dachten, es wäre eine Magen-Darm-Grippe oder eine Lebensmittelvergiftung, ins Krankenhaus eingeliefert. Sein Zustand verschlechterte sich schnell, und er wurde auf die Intensivstation verlegt. Wir mussten zusehen, wie seine Organe eines nach dem anderen ihre Funktion einstellten. Seine Leber konnte die Antibiotika nicht mehr verarbeiten … seine Nierenfunktion nahm immer mehr ab … und dann arbeitete seine Bauchspeicheldrüse auch nicht mehr richtig. Er hatte eine Herzinsuffizienz, und seine Lungen füllten sich mit Wasser. Zuletzt hatte er ein Herzkammerflimmern. Sie konnten ihm keine Glukose-Infusion verabreichen, weil sie fürchteten, ihn damit in ein diabetisches Koma zu versetzen. Er war an elf verschiedene Infusionsflaschen angeschlossen. Auf keine der Infusionen sprach er gut an. Wir dachten, er schlafe viel. Sie sagten nie, dass er im Koma lag, obwohl seine Hand- und Fußgelenke nach innen gedreht waren, wie Sie es in Ihrem Buch beschrieben haben.

Das Krankenhaus zog einen Geistlichen hinzu, einen Schmerzspezialisten und einen Palliativmediziner. Dann gaben sie uns Prospekte von Beerdigungsunternehmen und sagten, mehr könnten sie nicht für uns tun. Sie kündigten an, die Infusionsflaschen, wenn sie leer waren, nicht mehr zu ersetzen. Wir schauten zu und beteten, während sie eine Infusionsflasche nach der anderen

wegräumten – bis zur Kochsalzlösung ganz zum Schluss.
Doch mit jeder Flasche, die entfernt wurde, fing sein
Körper an, die Funktion des entsprechenden Organs
wieder aufzunehmen … Die Ärzte schüttelten nur
den Kopf. Einer von ihnen sagte zu mir, da sei mehr am
Wirken als nur sie. Wir hatten uns auch abgewechselt
und ihn in den neun Tagen auf der Intensivstation
und in den anderen zwanzig Tagen im Krankenhaus
nie allein gelassen. Mein Sohn wurde in ein reguläres
Zimmer verlegt und dann ins Rehabilitationszentrum
des Krankenhauses. Am 4. November schlug sein Herz
wieder im normalen Sinusrhythmus.

Er war charmant und intelligent … Während seines
Aufenthalts in der Reha hatte er Geburtstag. Eine der
Schwestern brachte ihm ein neues Exemplar Ihres Buches
Blick in die Ewigkeit. *Ein paar Tage später fragte ich ihn*
in einem ruhigen Moment, ob ich ihm ein Kapitel daraus
vorlesen solle. Er sagte: gern. Nachdem ich eine Weile
gelesen hatte, schaute ich zu ihm hinüber und sah, dass
meinem zähen, 1,90 m großen Sohn Tränen über die
Wangen liefen. Ich fragte, ob ihn das Buch aufrege
und ich aufhören solle zu lesen. Er sagte Nein, ich solle
weiterlesen. Er wollte, dass ich ihm noch ein paar
weitere Kapitel vorlas.

Als er sich an diesem Abend schlafen legte, sagte er leise:
»Auf der Intensivstation habe ich mit Gott gesprochen.
Er hat mich gefragt, ob ich bleiben oder wieder nach
Hause gehen will. Ich habe Ihm gesagt, dass ich nach
Hause gehen will. Ich kannte bisher keine anderen Leute,
die dachten, dass sie in den Himmel gegangen sind.

Wir standen jedenfalls neben der Himmelstür. Und jenseits davon war sehr viel Grün. Ich erzähle dir später mehr davon.«

Interessant ist, dass ich ein paar Tage später die Schwester fragte, wann sie das Buch gelesen habe. Sie antwortete, sie habe es noch gar nicht gelesen. Jemand habe ihr empfohlen, uns das Buch zu geben. Daher habe sie es extra bestellt.

Am 9. November 2013 wurde mein Sohn aus dem Krankenhaus entlassen. Ihr Buch hat ihm geholfen, mit dem klarzukommen, was ihm widerfahren ist …

Wir lasen weiterhin ein Kapitel nach dem anderen, bis wir den Teil erreichten, wo auch Sie nach Hause entlassen wurden. An dieser Stelle sagte er, wir sollten den Rest später lesen – in ein paar Wochen. Er wollte erst alles verarbeiten. Wir lasen es nie gemeinsam zu Ende. Wir hatten ihn nur sechs Wochen zu Hause, und er erzählte uns nie mehr etwas von seinem Erlebnis. Er starb am 4. Januar 2014 am H1N1: 2009 (Schweine-)Grippevirus.

Ich danke Ihnen so sehr dafür, dass Sie Ihr Buch geschrieben haben. Es hat uns allen sehr geholfen. Ich nehme an, als mein Sohn starb, ging er zurück zum Himmelstor und hat dort wieder mit Gott gesprochen.

Mit freundlichen Grüßen
Claire

Im Dezember 1991 hatte Elizabeth Lloyd Mayer, eine bekannte Psychoanalytikerin aus San Francisco, ein Problem. Die unersetzbare Harfe ihrer Tochter war bei einem Konzert gestohlen worden. Mayer versuchte zwei Monate lang mit allen Mitteln, die Harfe zurückzubekommen. Schließlich, schreibt sie in ihrem Buch *Extraordinary Knowing,* sagte eine Freundin zu ihr, sie solle es, wenn sie wirklich bereit sei, alles zu tun, um die Harfe zurückzubekommen, mit einem Rutengänger versuchen. »Damals wusste ich über Rutengänger nur eins«, schreibt Mayer, »nämlich dass es sich dabei um seltsame Menschen handelt, die mit einem gegabelten Stock unterirdische Wasseradern aufspüren.« Für Mayer, Professorin für Psychologie an der University of California, Berkeley, war das ein völlig unbekanntes Gebiet.

Mayer wusste, dass die Vorstellung, ein völlig Fremder könne mit übersinnlichen Mitteln einen verlorenen Gegenstand aus ihrem Besitz finden, reines Wunschdenken war. Es widersprach sämtlichen Regeln der Logik jener Welt, in der sie seit Jahrzehnten lebte und ihren Beruf als Psychologin erfolgreich ausübte.

Aber sie wollte die Harfe wirklich zurückhaben. Also gab sie sich alle Mühe, ihren inneren Kritiker im Zaum zu halten, und wählte die Nummer eines bekannten Rutengängers in Arkansas, die ihre Freundin ihr gegeben hatte.

»Eine Sekunde bitte«, sagte der Rutengänger. »Ich sage Ihnen, ob sie noch in Oakland ist.« Ja, sagte er, sie sei noch da. Mithilfe einer Straßenkarte lokalisierte er präzise das Haus, in dem die Harfe seiner Meinung nach war. Mayer fragte sich, was sie mit dieser Information anfangen sollte. Sie konnte ja nicht einfach an der Tür dieses Hauses klingeln und sagen, ein Rutengänger habe ihr gesagt, dass die Harfe ihrer Tochter dort sei.

Dann hatte sie eine Idee. Sie druckte ein paar Flyer über die Harfe aus und hängte sie in einem Radius von zwei Blocks um das Haus herum auf.

Drei Tage später bekam sie einen Anruf. Die Person am anderen Ende der Leitung sagte, sie habe den Flyer gesehen; ihr Nachbar habe die Harfe. Nach ein paar weiteren Anrufen wurde ein Treffen anberaumt, und sie bekam die Harfe zurück.

Als sie mit der geretteten Harfe ihrer Tochter auf dem Rücksitz nach Hause fuhr, kam Mayer eine aus drei Worten bestehende Erkenntnis: »Das ändert alles.«

Diese Geschichte beschreibt sehr anschaulich, auf welche Weise viele von uns aus der wissenschaftlichen Gemeinde ihre starre Sicht der Welt letztlich ändern mussten. Wir sind in eine Situation geraten, in der wir gezwungen waren, all die alten Erklärungen angesichts ein paar neuer Phänomene infrage zu stellen. Als die alten Erklärungsmodelle nicht mehr funktionierten, waren wir gezwungen, die Möglichkeit in Betracht zu ziehen, dass die Welt, wie wir sie verstanden hatten, nicht die wirkliche Welt war. Das wiederum hat uns auf neue Wege zum Weltverständnis geführt – Wege, auf denen wir bessere Antworten bekamen als mit unseren alten Methoden.

Wir wussten vielleicht schon vorher, dass es diese andere Weltsicht gibt, aber wir hielten sie für dumm und naiv. Wir hielten sie vielleicht sogar in der betreffenden Situation immer noch für dumm und naiv.

Aber … wir wollten unsere Harfe zurückhaben. Also

sind wir das Risiko eingegangen. Wir haben all unseren Mut zusammengenommen und uns für eine neue und radikal andere Reihe von Vorstellungen davon geöffnet, was für ein Ort die Welt wirklich sein könnte.

Wie der Fall von Menschen wie Dr. Mayer zeigt, war der Lohn, den wir dafür bekommen haben, viel größer und wichtiger als irgendeine Harfe. Wir haben *uns selbst* zurückbekommen. Wir haben erfahren, dass es auf jene drei großen Fragen, die sich schon die Kulturen vor uns gestellt haben, vielleicht noch ein paar ganz andere Antworten gibt, als wir sie uns je erträumt hätten.

Mayers Geschichte zeigt aber auch, dass es keine dramatische Erfahrung wie ein Nahtoderlebnis braucht, um diese Änderung der Sichtweise herbeizuführen. Aber ich bin davon überzeugt, dass diejenigen von uns, welche diese dramatischeren Erfahrungen gemacht *haben,* verpflichtet sind, sie bekannt zu machen. Wir müssen darüber sprechen, wo wir waren und was wir gesehen haben, und jede uns zur Verfügung stehende Fähigkeit einsetzen, um diese Botschaft zum Leben zu erwecken, zu übersetzen und in diese Welt zu tragen.

Kason und Mayer waren beide Ärzte, und beide wurden sozusagen strampelnd und schreiend in die Welt gezerrt, in der Sinn etwas Reales ist. Beide haben es geschafft. Sie wurden zu Doktoren – hohen Eingeweihten in den Wissenschaftsklub –, die keine Angst davor hatten zu verstehen, dass der Sinn, die Sprache der spirituellen Welt, real ist. Jene andere Welt versucht, zu uns zu sprechen, und je mehr wir zuhören, desto mehr werden wir verstehen. Statt gegeneinander zu kämpfen, verflechten sich die Zwillingsströme

Wissenschaft und Geistiges in diesen Ärztekolleginnen etwa
so wie die beiden Schlangen am heiligen Äskulapstab, der
bis heute in fast jeder Arztpraxis zu bewundern ist.

Lieber Doktor Alexander,
meine Frau Lorraine starb am 24. Juni 2013 nach
einundzwanzig Jahren Ehe. Lorraine war ihr ganzes
Leben lang sehr spirituell und als Mitglied der Arlington
Metaphysical Church in Virginia als Reiki-Heilerin tätig
gewesen. Lorraine hatte auch indianische »Geistführer«
gehabt, an die sie sich in schwierigen Zeiten wandte.
Nachdem Lorraine verstorben war und ich vor der
Herausforderung stand, meinen ganzen Haushalt
einpacken und zu meinem nächsten Wohnsitz aufbrechen
zu müssen, saß ich auf meiner Terrasse und versuchte,
mich zu entspannen. Und siehe da, ein Monarch-
Schmetterling erschien und flog im Abstand von etwa
drei Metern um mich herum. Es kam mir seltsam vor,
dass keine anderen Schmetterlinge zu sehen waren.
Nachdem ich mehr als vierzehn Jahre auf diesem Grund-
stück gelebt hatte, wusste ich, dass Schmetterlinge
normalerweise in Gruppen auftreten. Doch dieser
besondere Schmetterling hatte keine Begleiter. Und als ich
wegfahren musste und das Garagentor öffnete, tauchte
derselbe Schmetterling schon wieder auf. Ich war nicht
sicher, was ich davon halten sollte. Dennoch achtete ich,
als ich das Auto rückwärts aus der Garage fuhr, darauf,
dass der Schmetterling nicht als »Verkehrstoter« endete.
… Ich dachte, Lorraine sei als Schmetterling zu-
rück auf die Erde gekommen, aber ich brauchte Über-

*zeugenderes … Ich war allem gegenüber skeptisch, was an
Spiritualität grenzte … Dies ist nun der Beginn meiner
Suche nach Glaube und Seelenfrieden.*

*Als Lorraine starb, beschloss ich, ihre Leiche einer
Organisation zu spenden, die Verstorbene für die
medizinische Forschung verwendet. Am Ende einer
festgesetzten Zeitspanne sollte Lorraine verbrannt und
die Asche an mich zurückgegeben werden. Lorraines
letzter Wunsch war es gewesen, unter einem Baum
begraben zu werden, damit ihr Geist Zugang zu ihren
»Geistführern« hatte. Darauf werde ich noch zu
sprechen kommen.*

*Als ich für meinen bevorstehenden Umzug alles
einpacken musste, fielen mir auch Lorraines persönliche
Dinge in die Hände, darunter all ihr Schmuck und
diverse andere Gegenstände. Als ich die Schubladen ihrer
Schmuckschatulle öffnete, fand ich viele Schmuckstücke in
der Form von Schmetterlingen. Ich wusste, dass Lorraine
Schmetterlinge mochte, aber sie hatte auch ein Faible
für andere Sammlerstücke wie Gnome, Dickens-Village-
Häuser und -Figuren, Keramikkühe und das Beste: etwa
hundert Puppen, die sie gesammelt und im ganzen Haus
platziert hatte. Und während ich all das einpackte,
wartete der Monarch-Schmetterling die ganze Zeit
darauf, dass ich nach draußen kam.*

*… Nachdem ich mich in meinem Stadthaus eingerichtet
hatte, ließ ich mir Lorraines sterbliche Überreste zuschicken.
Ich öffnete die Versandkiste und nahm ein Kästchen
mit 10 x 15 cm Grundfläche heraus, nett verschnürt
mit einer Kordel samt Schleife. Sie wog kaum etwas,*

und ironischerweise kam mir ein Lied in den Sinn, als ich dieses Kästchen mit Lorraines Asche aufhob: »Is that all there is?«, gesungen von Peggy Lee. Ich stellte Lorraines Asche in meinem Büro ins Bücherregal und dachte darüber nach, wie ich ihr wohl ihren letzten Wunsch erfüllen konnte. Nachdem ich zwei Wochen an dem festgehalten hatte, was von Lorraine übrig geblieben war, hatte ich einen Plan. Ich würde meinen Freund Norman fragen, ob es für ihn in Ordnung sei, wenn ich in dem dreizehn Hektar großen Wald, den seine Tochter an einem Hang des South Mountain in Maryland besaß, eine letzte Ruhestätte für Lorraine suchte ... Eines Tages vereinbarte ich also mit Norman, Lorraine zu diesem kleinen Stück vom Himmel zu bringen und einen guten, starken Baum zu finden, wo sie in Frieden ruhen konnte.

Als wir auf das Grundstück kamen und darüber zu diskutieren begannen, wo wir wohl den »richtigen« Baum finden konnten, tauchte, siehe da, ein Monarch-Schmetterling auf und flog ganz nah um den Platz, an dem wir standen. Wie zuvor, als ich den Schmetterling auf der Terrasse meines alten Hauses gesehen hatte ... tauchte nur ein Schmetterling auf ... Nachdem wir den richtigen Fleck gefunden hatten, half mir Norman, ein Loch zu graben, das tief genug war, um Lorraines Asche aufzunehmen. Ich löste die Kordel um das Kästchen und öffnete es. Im Innern war ein Plastiksack, der alles enthielt, was von meiner geliebten Frau und Seelenpartnerin übrig geblieben war. Ich öffnete auch den Plastiksack und übergab Lorraine ihrer letzten Ruhestätte. Während dieser ganzen Zeit blieb der Monarch-Schmetterling in

genau dem Bereich, wo wir ihn zurückgelassen hatten.
Ich hatte jetzt das ganz starke Gefühl, dass Lorraine dort
war, und zwar in Form dieses Monarch-Schmetterlings.

Um mich in meiner Überzeugung zu bestärken, kommt
hier noch das Sahnehäubchen. Gestern rief ich Norman
an und sagte, ich würde gern rauskommen zur Hütte,
um ihn zu treffen und endlich auch seine Tochter kennen-
zulernen. Gestern waren etwa zehn Tage vergangen, seit
wir Lorraine begraben hatten. Als ich dort ankam und
wir über das Grundstück spazierten, raten Sie mal, wer
da ganz allein herumflog. Yep! Richtig geraten. Es war
derselbe Monarch-Schmetterling, der vor etwa einem
Monat in mein Leben gekommen war. Nun, nachdem
Sie meine Geschichte gelesen haben, haben Sie die Wahl, es
zu glauben oder nicht zu glauben. Sie können sagen,
dass Monarch-Schmetterlinge in dieser Gegend häufig
vorkommen, aber vergessen Sie nicht, dass es immer nur
ein einzelner Schmetterling war.
Don Entlich

Wenn Ihr Mann gestorben ist und er Rotkardinäle geliebt hat und Sie an seinem Todestag zu seinem Grab gehen und dort einen dieser Vögel sitzen sehen, werden Sie das vermutlich als ein Zeichen betrachten. Lassen Sie es nicht zu, dass eine innere Stimme Ihnen sagt, die Anwesenheit dieses Rotkardinals sei *Zufall* oder *Koinzidenz*. Jedenfalls nicht, solange Sie das Wort *Koinzidenz* nicht verstanden haben, das »Zusammentreffen oder Zusammenfallen (Zufall) zweier Ereignisse an einem Ort« bedeutet, und zwar im Sinne des tiefer gehenden und besseren Begriffs *Synchronizität*.

In einem Song von Crosby, Stills & Nash, der in meinen Collegetagen sehr beliebt war, heißt es: *»If you smile at me I will understand, because that is something everybody everywhere does in the same language«* (»Wenn du mich anlächelst, verstehe ich es, denn das ist etwas, was jeder überall in derselben Sprache tut«). Das Universum spricht in einer Sprache, und das ist die Sprache des Sinns. Jede Ebene des Universums hat ihren eigenen Sinn – selbst die Ebene, die wir bewohnen und auf der er am schwersten zu erkennen ist. Deswegen beklagen Menschen am modernen Leben am meisten, dass es sinnlos ist. Unter der Oberfläche ist es aber alles andere als das.

3

Das Geschenk des Sehens

Ohne prophetische Offenbarung verwildert das Volk.

Sprüche 29,18

Platon hat es nicht verwendet, aber ich nehme an, er hätte unser modernes englisches Wort *murky* (deutsch: »trüb, düster, undurchsichtig«) zur Beschreibung unserer Situation zu schätzen gewusst. Das Wort kommt von *myrk*, einem alten englischen Wort, das »Dunkelheit« bedeutet. Aber es hat auch einen starken Beiklang von Erde und Schlammigkeit. Und das macht Sinn, denn die Dunkelheit, mit der wir zu kämpfen haben, während wir hier auf der Erde sind, ist ganz genau *diese* Art von Dunkelheit. Der heilige Paulus präsentiert die wohl bekannteste Version dieser Vorstellung, wenn er in 1 Korinther 13,12 davon spricht, dass wir unsere Welt »durch einen Spiegel in einem dunklen Wort« sehen. Eine traditionelle Weisheit besagt, dass die Erde ein Ort ist, an dem das klare Sehen schwerfällt.

Aber bei der Sicht, die das irdische Leben so radikal vernebelt, handelt es sich nicht um unsere körperliche, sondern um unsere spirituelle Sehkraft: um das Sehen, das es uns erlaubt zu erkennen, wo wir im spirituellen Universum stehen. Ein rein körperliches Sehvermögen erlaubt uns nur zu sehen, wo wir in der physischen Welt stehen.

Vor zweihundert Jahren, als die moderne Wissenschaft noch in den Kinderschuhen steckte, erfand der Dichter William Blake einen Begriff für die Weigerung eines Teils der wissenschaftlichen Gemeinde, die spirituelle Seite der Welt zu sehen und anzuerkennen. Er bezeichnete diese Weigerung und die Philosophie, die sich daraus ergab, in seinen *Poems from Letters* als »*single vision*«, als »einfältige Sicht«.

Jetzt sehe ich ... zweifältig zu allen Zeiten.
Möge uns Gott
vor einfältiger Sicht und Newtons Schlaf bewahren.

Der von Blake hier erwähnte Mathematiker und Physiker Sir Isaac Newton legte mit dem von ihm formulierten Gravitationsgesetz die Basis für die klassische Mechanik und gehört zu den bedeutendsten Wissenschaftlern der Geschichte – vielleicht ist er sogar der bedeutendste. Aber neben all seinen Errungenschaften und Verdiensten ist er auch für einen Fehler verantwortlich. Übereinstimmend mit dem, was unten aus René Descartes' *Philosophischen Werken* zusammengefasst zitiert wird, teilte er die Welt in ein nicht reales, sondern nur vorgestelltes »Innen« und in ein reales »Außen« ein und sagte, in Wirklichkeit sei nur Letzteres real:

Ich habe beobachtet, dass überhaupt nichts zur Natur der Essenz des Körpers gehört, außer es ist ein Ding mit Länge und Breite und Tiefe, das verschiedene Formen und Bewegungen gestattet. Ich habe auch herausgefunden,

dass seine Formen und Bewegungen nur Wirkungswei-
sen sind, die keine Macht dazu bringen kann, davon
unabhängig zu existieren, und auf der anderen Seite,
dass Farben, Gerüche, Geschmäcker und all diese Dinge
nur Empfindungen sind, die in meinen Gedanken exis-
tieren und sich nicht weniger vom Körper unterschei-
den als sich Schmerz von der Form und Bewegung des
Instruments unterscheidet, das ihn zufügt.

Sobald die Wissenschaft erst einmal alles in der »äußeren«,
materiellen Welt vermessen hätte, so glaubten Newton und
andere Naturwissenschaftler seiner Zeit, würde man alles
wissen, was es zu wissen gab. Das Bewusstsein klammerten
sie einfach aus. Warum sollten sie es auch in ihre Betrach-
tungen einbeziehen? Man konnte es ja nicht ausfindig machen und vermessen und wiegen. Das musste bedeuten,
dass es nicht real war.

Unsere Welt baut immer noch auf der alten Unterschei-
dung zwischen Materie (die Welt »da draußen«) und Geist
(die Welt »hier drinnen«) auf, die Descartes etabliert hat.
»Dies ist eine auf Gedeih und Verderb wissenschaftsgläu-
bige Kultur«, schreibt der Psychologe Lawrence LeShan in
seinem 2013 erschienenen Buch *A New Science of the Paranormal.* »Wir hören auf religiöse Führer, Gurus und Politi-
ker, aber die Wissenschaftler sind diejenigen, von denen
wir glauben, dass sie tatsächlich die Wahrheit sagen.«

LeShan fragt dann, was wohl passieren würde, wenn die
Wissenschaft anfinge, die spirituelle Welt wirklich ernst zu
nehmen – was, wie ich glaube, unvermeidlich ist:

In kurzer Zeit wäre es ein Allgemeingut (das, was wir meinen, wenn wir »das weiß doch jeder« sagen), dass ein menschliches Wesen mehr ausmacht, als wir über die Sinne wahrnehmen können, und dass wir keineswegs für immer in unserer Haut feststecken. Aber diese Fakten haben uns noch nicht wirklich berührt. Sie stellen keine Bedrohung für die alltägliche Welt unserer Sinne dar. Sie bringen die Mauern unseres Lebens nicht zum Einsturz. Ich mache einfach weiter wie zuvor, nachdem ich erfahren habe, dass der augenscheinlich feste und stabile Tisch, an den ich mich anlehne, nur ein leerer Raum ist mit Arealen aus Masse, Ladung und Geschwindigkeit, die in ihm herumsausen.[8]

Wir werden aus Newtons Schlaf erwachen.

Lieber Dr. Alexander,
am 19. August 1999 lag mein Vater seit dreizehn Tagen auf der Hospizstation unseres lokalen Krankenhauses. Er hatte eine Reihe von Schlaganfällen gehabt, die ihn in einen Zustand versetzten, in dem er nicht mehr ansprechbar war. Nach vielen Gesprächen mit seinen Ärzten hatte die Familie entschieden, »ihn gehen zu lassen«.

Meine drei Geschwister und ich waren in diesen letzten paar Tagen rund um die Uhr an seinem Bett. Irgendjemand war immer bei ihm. Um etwa 4.00 Uhr morgens begann er mit dem speziellen Atemmuster, mit dem sich das Ende ankündigt. Wir hatten schon früher damit gerechnet, aber Papa war zäh und ließ sich Zeit mit seinem Abgang.

Der Raum war stockdunkel, abgesehen von einem Nachtlicht, das in die Wand eingebaut war und einen kleinen Bereich des Fußbodens beleuchtete. Wir befanden uns im 6. oder 7. Stockwerk, daher fiel also kein Licht von den Straßenlaternen in die Fenster des Raumes.

Papa atmete zum letzten Mal ein. Seine Hände und Füße waren schon kalt. Ich saß etwa 30 cm von seinem Bett entfernt mit dem Kopf in den Händen und den Ellbogen auf den Knien. Er lag zu mir gedreht, und sein Kopf war nicht mehr als 30 cm von meinem entfernt. Ich wollte gerade aufstehen, um mit meinem Bruder und meinen Schwestern zu sprechen, als mir etwas ins Auge fiel. Es sah aus wie eine Staubflocke und hatte sich auf Papas Schläfe niedergelassen. Dann dachte ich: »Wieso kann ich diese ›Staubflocke‹ sehen? Der Raum ist fast schwarz, und trotzdem kann ich das sehen! Wieso ist es beleuchtet?« Ich schaute mich nach einer Lichtquelle um, die auf Papas Kopf scheinen konnte – aber es gab keine.

Ich schloss die Augen, um sie für einen Moment zur Ruhe kommen zu lassen, rieb sie mit den Fingern und öffnete sie wieder – die Staubflocke war immer noch da, immer noch irgendwie sichtbar. Ich rückte langsam näher und dachte, sie müsse wegfliegen. Aber sie flog nicht weg. Dann beobachtete ich, wie sich etwas seitlich aus dem Kopf meines Vaters befreite! Ich hatte die Augen weit aufgerissen, atmete ganz langsam und versuchte zu verstehen, was ich da sah …

Eine kleine Kugel, nicht größer als ein halber Zentimeter im Durchmesser, kam sehr langsam von unter der Schläfe meines Vaters an die Oberfläche. Sie hatte jene intensiv

blaue Farbe, die man auch an der Basis einer Kerzen-
flamme findet. Sie schickte weiße Strahlen aus. Sie
erinnerten mich an die Wunderkerzen, die am 4. Juli
abgebrannt werden, aber die Strahlen verbreiteten sich
in Zeitlupe. Nach etwa einer Minute war die gesamte
Kugel herausgetreten und schien sich auf Papas Schläfe
auszuruhen. Ein winziger blauer Globus, von dem
Strahlen ausgingen, die weiße Funken sprühten.

Ein paar Sekunden später erhob sich die Kugel langsam bis etwa 60 cm über Papas Körper und schwebte
ein paar Sekunden dort. Dann driftete sie allmählich
höher und auf die Westseite des Raumes (eigentlich war
es sogar mehr als ein Driften – sie schien ganz bewusst
in eine bestimmte Richtung gehen zu wollen). Und
dann stieg sie auf, ging durch die Decke und war
verschwunden.

Ich saß immer noch auf meinem Stuhl und wandte
mich dorthin, wo die Kugel gerade verschwunden war.
Dann drehte ich mich um und ging davon aus, dass
jemand etwas sagen würde – aber niemand tat es.
Ich wollte keine Fragen stellen, mit denen ich meinen
Geschwistern Worte in den Mund gelegt hätte, also
fragte ich einfach: »Ist gerade etwas passiert?«

Meine Schwester sagte: »Du meinst dieses Licht, das
gerade aus der Seite von Papas Kopf gekommen ist?«

Ich finde, Shakespeare hatte recht, als er sagte:
»Es gibt mehr Dinge zwischen Himmel und Erde,
als eure Schulweisheit sich träumen lässt.«

David Palmer, Higganum, CT

»Ist gerade etwas passiert?«

»Hast du das gesehen?«

»Hast du auch gespürt, was ich gerade gespürt habe?«

Fragen wie diese stellen sich Menschen immer gegenseitig in Situation wie der, in der David war, in Situationen, in denen ein geliebter Mensch stirbt und etwas Unerklärliches – etwas, das mehr ist als einfach nur physisch – mit dem Ereignis einhergeht. Die Wissenschaft verlangt, dass ein Phänomen für mehr als eine Person sichtbar ist. Sie verlangt auch, dass das Phänomen wiederholbar ist. Darum werden Geschichten wie die von David – und sie kommen unglaublich häufig vor – zur leichten Beute für die Kritiker.

Jedenfalls glauben das die meisten Menschen.

Während meines Aufbaustudiums an der Medizinischen Hochschule der Duke University in Durham, North Carolina, kam ich oft an einem schlichten kleinen Gebäude vorbei, dem Institute of Parapsychology (jetzt Rhine Research Center). Ich machte mir nie große Gedanken darüber. Zweifellos verrichteten alle Arten von wohlmeinenden Leuten harte Arbeit darin, indem sie Testpersonen raten ließen, welche Karten nach dem Zufallsprinzip aus einem Stapel gezogen worden waren und derartige Dinge.

In der Tat wurden hinter den Mauern des Rhine Center solche Experimente durchgeführt. Was ich nicht wusste, war, dass mit diesen und anderen, ganz ähnlichen Experimenten an kleinen, aber seriösen Instituten von Universitäten in den USA, Kanada, Großbritannien und anderswo trotz einer sehr geringen statistischen Wahrscheinlichkeit nachgewiesen werden konnte, dass Telepathie, Präkognition und ähnliche Phänomene real sind.

Doch was ist aus dieser Entdeckung geworden? Wie Le-Shan betont, herzlich wenig. Das Problem ist nicht die Frage, ob es Phänomene gibt, die jenseits dessen liegen, was die materialistische Wissenschaft erklären kann. Es gibt sie. Das Problem besteht darin, diese Neuigkeit in unsere Knochen zu bekommen. In unser Blut. Das Problem besteht darin, uns selbst zu etwas anderem zu machen, als wir es vorher waren.

Das Problem ist tatsächlich ein *transformierendes*.

Wir wussten schon immer, wer wir sind. Dieses Wissen ist aufgetaucht, wurde aus den Augen verloren und ist erneut aufgetaucht, und zwar öfter und an mehr Orten, als irgendjemand zählen kann. Es so alt wie das Paläolithikum (die Altsteinzeit vor etwa 30 000 Jahren), als unsere Vorfahren bereits ihre Lieben, bedeckt mit Blumen und Muschelschalen, in der fötalen Haltung bestatteten, um anzudeuten, dass sie, obwohl ihre Leichen in der Erde begraben wurden, in einer jenseitigen Welt wiedergeboren werden würden. Und es ist so aktuell wie die 2014 erbrachte experimentelle Bestätigung des Theorems des Physikers John Stewart Bell von 1964, dass sich paarige Teilchen, die durch Millionen von Lichtjahren voneinander getrennt sind, in Übereinstimmung miteinander bewegen, weil Zeit und Entfernung an sich eine Illusion sind.

Wir haben *schon immer* im realen Universum gelebt. Daran hat sich nichts geändert. Wir sind diejenigen, die sich verändert haben, und zwar immer und immer wieder. Wir sind diejenigen, die sich von jenem wahren Universum entfernt haben, nur um wieder dorthin zurückzukehren und erneut davon wegzudriften. Aber wir waren noch nie ganz so weit davon entfernt und noch nie ganz so lange, wie wir es heute sind. Wir alle wissen, welche Konsequenzen es hat, die Natur wie ein Objekt zu behandeln – wie eine tote Sache, die wir nach Belieben manipulieren können. Wir wissen, dass wir als Planet in großen Schwierigkeiten stecken. Aber nicht jeder weiß, dass die Lösung für dieses Problem sowohl spirituell als auch materiell sein muss; dass wir nicht nur unsere Lebensweise verändern müssen, sondern auch unsere Art, über die drei großen Fragen nachzudenken, die Menschen früherer Kulturen klugerweise nie aus den Augen verloren haben. Warum? Weil es nur eine Art gibt, glücklich auf dieser Erde zu leben, nämlich im Licht des Himmels. Ohne Himmel zu leben bedeutet, ein Sklave seiner eigenen verdrängten Sehnsucht nach der Erfüllung zu sein, die das Wissen um die eigene Existenz bietet. Es ist nicht schwer zu erkennen, wie diese verdrängte Sehnsucht zu den vielen Exzessen geführt hat, die unseren Planeten zu dem hochgradig zerstörten und bedrohten Ort gemacht haben, der er heute ist.

Haben Sie schon einmal einen Fuchs in freier Wildbahn gesehen? Als Bewohner von North Carolina habe ich schon viele von ihnen gesehen; sie sind immer ein schöner Anblick. Sich ein Tier wie dieses vor Augen zu führen ist eine gute Möglichkeit zu verstehen, was uns Newton, Galileo, Descartes und die anderen Architekten des neuen naturwissenschaftlichen Weltbildes, das im 16. Jahrhundert geboren wurde, geschenkt, aber auch, was sie uns genommen haben.

Stellen Sie sich vor, was ein Bauer aus dem Mittelalter gesehen hat, wenn ihm ein Fuchs über den Weg lief. Das

Tier selbst war da, aber auch eine ungeheure Menge an biblischen, mythologischen und folkloristischen Assoziationen, die nicht unbedingt etwas mit dem Tier zu tun hatten. Der Fuchs war listig, sinnlich, unehrlich, sündig … hatte also alle möglichen menschlichen Eigenschaften, die ganz offensichtlich *nicht* seine waren. Aber ein Mensch der damaligen Zeit, der es gewohnt war, die Natur durch die biblische Brille zu sehen, konnte gar nicht anders, als diese Eigenschaften mit dem Tier in Verbindung zu bringen.

Als die Wissenschaft im 16. Jahrhundert ihren Siegeszug antrat, vollzog sie einen revolutionären Bruch mit all diesen alten Vorstellungen. Die Pioniere des wissenschaftlichen Zeitalters fanden heraus, dass Füchse keine listigen, wollüstigen, sündigen Wesen sind. Sie sind Tiere – hundeartige Säugetiere, die sich in einem bestimmten Territorium bewegen und eine Tragzeit von einer bestimmten Länge haben. Von da an waren sie nicht länger anthropomorphe, sündige Schurken.

Aristoteles dachte mithilfe der Logik über die Welt nach, bediente sich aber keiner wissenschaftlichen Methode. Er ging nicht hinaus und probierte Dinge aus wie die erwähnten Alchemisten, deren experimentelle Ansätze von der modernen Wissenschaft übernommen wurden. In der Vergangenheit hatte sich auch niemand die Mühe gemacht, einen Fuchs zu sezieren, um seine Schädelstruktur mit der anderer Karnivoren zu vergleichen und um zu sehen, wie sich sein Herz oder seine Leber oder seine Eingeweide von denen einer Kuh oder einer Gans oder eines menschlichen Wesens unterscheiden oder nicht unterscheiden. Die Väter der wissenschaftlichen Revolution entwickelten die aristotelische

Idee der direkten Beobachtung weiter. Sie schauten sich die Welt nicht mehr einfach nur an und dachten darüber nach, sie nahmen sie auseinander, und zwar bis in ihre kleinsten Teile.

Abgesehen davon, dass diese mutige neue Art, die Welt zu betrachten, ungemein nützlich war, war sie auch zutiefst ehrlich. *Respektiere die Realität der physischen Welt,* sagt uns dieser Ansatz. *Verliere dich nicht in irgendeinem vorgestellten dogmatisch-religiösen System, das der Welt und den Dingen darin eine vorgestellte Bedeutung aufklebt. Geh raus, untersuche diese Welt selbst und finde heraus, was es tatsächlich damit auf sich hat.*

All das ist wunderbar. Aber natürlich wissen wir alle, was bald darauf passiert ist. Wir sind zu weit gegangen. Neben den Errungenschaften der modernen Naturwissenschaft – ein Tier wie einen Fuchs zu untersuchen und auf eine wirklich komplexe, differenzierte Weise sehen zu können – haben wir auch die Einstellung mitbekommen, dass die Welt und alles, was sich darin befindet, nicht mehr ist als ein Objekt, das es zu fangen, zu töten, zu sezieren und, am allerwichtigsten, zu *benutzen* gilt. Bald schon sah man in Füchsen – und allem anderen in der Welt – einzig und allein ihren materiellen Wert. Der Fuchs wurde zum Räuber von Hühnern und anderen Nutztieren, zum Träger eines Fells, das als Kleidungsstück wertvoll war, sowie zum Tier, das als Sportobjekt dienen konnte … und nicht viel mehr.

Aber ein Fuchs ist mehr als das. Er ist eine multidimensionale Kreatur, deren aktuelle Form zwar physisch, deren wahres Wesen aber spirituell ist.

Genau wie wir.

*Nach dem Tod ist ein Mensch dennoch
immer noch ein Mensch.*

Emanuel Swedenborg[9]

Diese multidimensionale Sicht zurückzubekommen – die Fähigkeit, Füchse, uns selbst und alles andere auf der Welt im Kontext des spirituellen Universums zu sehen – ist die Essenz der neuen Vorstellung, dass die Vereinigung von Naturwissenschaft und Geist letztlich auf dem Weg ist. Es ist eine Sicht der Welt, die weder »religiös« im alten, schwerfälligen, dogmatischen Sinne des Wortes, noch »wissenschaftlich« im reduktiven, materialistischen, objektivierenden Wortsinn ist. Es ist eine Art, die Welt zu sehen, die fähig ist, sie zu messen und wissenschaftlich zu untersuchen, ohne sich dabei in der schrecklichen Eindimensionalität einer rein materiellen Sicht zu verlieren.

Auch früher schon gab es Wissenschaftler, die verstanden haben, dass der Rationalismus eine Wiedergeburt erleben musste, wenn er wirklich von Nutzen sein sollte. Johann Wolfgang von Goethe, ein großer Dichter des 18. Jahrhunderts und auch einer der Väter der modernen Naturwissenschaft, hatte vermutlich die antiken Mysterienreligionen im Sinn, als er diese berühmten Zeilen schrieb:

*Und so lang du das nicht hast,
Dieses: Stirb und werde!
Bist du nur ein trüber Gast
Auf der dunklen Erde.*[10]

Goethe deutet in diesen Zeilen an, dass wir selbst heute in der modernen wissenschaftlichen Welt Eingeweihte sein müssen. Ohne Initiation in das Wissen um unsere wahre Identität und den Ort, von dem wir wirklich stammen, verlieren wir die Orientierung. Für diejenigen, die dieser Mangel an Wissen blind gemacht hat, wird die Welt in der Tat zu einem sehr dunklen Ort.

Nachdem der große Naturwissenschaftler und Mathematiker Blaise Pascal im Jahr 1662 gestorben war, fand man folgende Notiz, die in seine Jacke eingenäht worden war:

Jahr der Gnade 1654
Montag, den 23. November, Tag des heiligen Klemens,
Papst und Märtyrer, und anderer im Martyrologikum.
Vorabend des Tages des heiligen Chrysostomus, Märtyrer,
und anderer.
Von etwa halb elf abends bis etwa eine halbe Stunde nach
Mitternacht.
Feuer.
Gott Abrahams, Gott Isaaks, Gott Jakobs,
nicht der Gott der Philosophen und Gelehrten.
Absolute Gewissheit: jenseits der Vernunft. Freude. Frieden.
Die Welt und alles außer Gott vergessend.
Die Welt kennt dich nicht, aber ich kenne dich.
Freude! Freude! Freude! Tränen der Freude! [11]

Gustav Theodor Fechner war ein angesehener Physiker und Psychologe des 19. Jahrhunderts und einer der Väter der modernen experimentellen Psychologie. In seinem Buch *Die Tagesansicht gegenüber der Nachtansicht* schreibt er:

Eines Morgens saß ich ... auf einer Bank ... und blickte
durch eine Lücke, welche das Gebüsch ließ, auf die davor
ausgebreitete schöne grüne Wiese ... die Blumen schauten
bunt und lustig aus dem Wiesengrün heraus, Schmet-
terlinge flatterten ... Vögel zwitscherten über mir in
den Zweigen ... Seltsame Täuschung, sagte ich mir. Im
Grunde ist doch alles vor mir und um mich Nacht und
Stille; die Sonne, die mir so glänzend scheint ... in
Wahrheit nur ein finsterer, im Finstern seinen Weg su-
chender Ball ... In dieser allgemeinen Finsternis, Öde
und Stille, welche Himmel und Erde umfängt, schwe-
ben nur einzelne, innerlich helle, farbige und klingende
Wesen, wohl gar nur Punkte, tauchen aus der Nacht
auf, versinken wieder darin ... Damit das Licht über
uns hinaus in aller Welt gesehen, der Schall gehört
werde, muss es ein sehendes und hörendes Wesen dazu ge-
ben. Und hat man nicht schon sonst von einem Gott ge-
hört, der in der Welt allgegenwärtig und allwissend
waltet? Für die Nachtansicht aber ist seine Klarheit,
wenn er überhaupt für sie noch ist, über den Dingen;
darum die Welt unter ihm so finster, stumm und öde.
Für die Tagansicht ist die Welt von seinem Sehen durch-
leuchtet, von seinem Hören durchtönt ...[12]

Dr. Alexander,
mit Interesse habe ich Ihr Buch gelesen (eine sehr intuitive
und intelligente Freundin hat es mir geschenkt), weil ich
vor etwa einem Vierteljahrhundert eine unerklärliche
Erfahrung gemacht habe, an die ich mich bis heute
erinnere. Es war kein Nahtoderlebnis, weil ich nicht

krank oder in irgendeiner Weise gebrechlich war. Ich kam
aus dem Gericht (ich bin immer noch in der Gerichtsbarkeit
tätig) und ging zu meinem Auto. Ich erinnere mich ganz
besonders daran, dass ich auf einen Riss im Beton des
Bürgersteigs getreten bin und mir (ohne Vorwarnung
und Erklärung) plötzlich klar war, dass alles absolut in
Ordnung ist. Wenn ich »alles« sage, meine ich »alles« als
Begriff, der so umfassend ist, wie man ihn sich nur
vorstellen kann – unter Einbeziehung und (wie Richter
zu sagen pflegen) ohne Einschränkung der Allgemein-
gültigkeit des Vorhergehenden, der Vergangenheit, der
Gegenwart, der Zukunft, des Universums, des Kosmos,
aller Aktionen, aller Ereignisse, aller Umstände, die
waren, sind und jemals sein könnten. Wenn Sie in Ihrem
Buch von »Ultra-Realität« sprechen, weiß ich genau, was
Sie meinen. Das Gefühl, dass alles im Universum in
Ordnung war – genau so, wie es sein sollte –, war ehrlicher,
realer und direkter als irgendeine Erfahrung, die ich
jemals gemacht habe. Als Rechtsanwalt bin ich darin
geschult (und habe ohnehin von Natur aus eine Neigung
dazu), alles zu erörtern oder zu verhandeln, aber dieses
Gefühl ging über jede Möglichkeit, es zu erörtern, darüber
zu verhandeln oder es zu bezweifeln, hinaus. Auf der
Rückfahrt in mein Büro verschwand das Gefühl nach
etwa fünf Minuten – und kehrte nie wieder zurück.
    Kenneth P.

Goethe, Pascal und Fechner hatten nicht die naturwissenschaftlichen Kenntnisse, die wir heute haben, aber jeder
von ihnen gehörte zur modernen Welt und war zu seiner

Zeit ein naturwissenschaftlicher Riese, auf dessen Schultern wir heute stehen. Dasselbe gilt für Emanuel Swedenborg, einen Naturwissenschaftler des 17. Jahrhunderts. Swedenborg arbeitete die meiste Zeit seines Lebens als Bergwerksinspektor, in einem Beruf also, der beachtliche Kenntnisse im Ingenieurswesen und in der Physik erforderte sowie in der praktischen Anwendung der neuen hydraulischen Techniken zur Förderung von Kohle und anderen Mineralien, die damals in Europa zum Einsatz kamen. Swedenborg war auch ein versierter Geometer, Chemiker und Anatom und der Erste, der eine ungefähre Vorstellung davon formulierte, was das Kleinhirn – der Teil des Gehirns, der zu einem großen Teil für die motorische Koordination zuständig ist – wirklich tut. Er war zweifellos ein Genie.

Swedenborg war besonders am Gehirn interessiert und versuchte viele Jahre lang, den Sitz des Bewusstseins zu lokalisieren – den physischen Wohnort dessen, was zu seiner Zeit immer noch Seele genannt wurde. In der Mitte seines Lebens entdeckte Swedenborg dann (wie der Psychologe und Swedenborg-Forscher Wilson Van Dusen es ausdrückte), dass er »am falschen Ort gesucht« hatte. Swedenborg machte eine spirituelle Krise durch. Eine Reihe von erschreckend lebhaften Träumen führte schließlich zu einem Moment, in dem sich der Himmel selbst zu öffnen schien. Swedenborgs alte Welt bekam Risse, knickte ein und brach in sich zusammen. Und eine neue wuchs an ihrer Stelle.

Den Rest seines Lebens widmete Swedenborg dem Studium und der Katalogisierung der von ihm neu entdeckten geistigen Welten, und zwar mit der gleichen Rigorosität, mit der er sich zuvor dem Studium der physischen Welt gewidmet hatte. Swedenborg war der erste moderne Naturwissenschaftler, der den Himmel als einen realen Ort betrachtete und der als Erster versuchte, eine Karte davon anzufertigen.

Indem er einen Stil der »inneren Beobachtung« kultivierte, für die er sich in eine Art meditative Trance gleiten ließ, katalogisierte Swedenborg eine gewaltige Reihe von Welten, die er ausführlich und detailliert beschrieb. Diese Schriften wirken oft recht befremdlich und brachten ihm eine Menge Ärger ein, nicht nur mit seinen Wissenschaftlerkollegen, sondern auch mit den Gralshütern des doktrinären Christentums. Die Welten, die Swedenborg erkundete, waren voller Menschen, Tiere und Häuser. Er sprach mit Engeln und Dämonen. Mit der Präzision eines modernen Meteorologen, der eine Kaltfront schildert, beschrieb er das geistige Klima der verschiedenen Welten, die er besuchte.

Der besondere Charakter jeder dieser Welten wurde ganz besonders von einem Faktor bestimmt: der Menge an Liebe oder Hass, die darin vorhanden war. Von Liebe erfüllte Menschen, so Swedenborg, enden in einer der unzähligen spirituellen Zonen, die zusammen das bilden, was er unter Himmel verstand. Von Hass erfüllte Menschen enden in der Hölle.

Swedenborg glaubte an die uralte Vorstellung vom Mikrokosmos – also daran, dass jeder von uns eine Art Miniaturuniversum darstellt. Wenn wir auf die richtige Weise in unser Inneres schauen, sagte er, finden wir dort nicht nur eine Landkarte des Himmels, sondern den Himmel selbst. Unsere ganze Vorstellung davon, was »äußerlich« und daher real und was »innerlich« und daher imaginär ist, basiert auf den Erfahrungen, die wir hier in der materiellen Domäne gemacht haben, wo das Bewusstsein vom Gehirn vermittelt wird und wir uns in einem physischen Körper bewegen, von dem wir aufgrund von Gehirnwäsche denken, er sei unsere ganze Identität. In Wahrheit ist das, was wir als unser »inneres« Selbst erleben, überhaupt nicht »in« uns, und wenn jemand wie Swedenborg sagt, dass wir ganze Welten »in« uns haben, spricht er nicht über unsere Fähigkeit, uns nicht reale Orte vorzustellen. Er sagt vielmehr, dass das Universum eher ein spiritueller als ein physischer Ort ist und dass das spirituelle Universum viele Welten hat – »viele Wohnungen«, wie Jesus es formulierte. Und diese Welten sind wirklich genau das: *Welten* mit Wolken und Winden und Städten und Klimazonen und Menschen. »Je mehr sich ein Mensch Gott überlässt«, schreibt die Swedenborg-Expertin Ursula Groll, »und den ›Himmel‹ in sich selbst entfaltet, desto näher kommt er Gott und desto mehr wird er Mensch, weil er mehr Anteil hat am kosmischen Bewusstsein oder am allumfassenden Ganzen.«[13] Mit anderen Worten: Den Himmel zu kartieren war für Swedenborg nicht nur eine legitime wissenschaftliche Tätigkeit, sondern auch etwas, das wir tun müssen, um wirklich menschlich zu sein.

Das Himmelreich, schrieb der persische Mystiker Nadschmuddin Kubra in einer in ihrer furchtlosen Unmittelbarkeit wunderbaren Sprache, ist nicht der »sichtbare äußere Himmel«. Es gibt, sagte er, »andere Himmel, die tiefgründiger, subtiler, blauer, reiner, strahlender, unzählbar und grenzenlos sind.« Wirklich andere Himmel? Ja. Kubra meinte das so. Er sprach nicht in Metaphern. Aber diese Regionen können nur von Menschen betreten werden, die spirituell darauf eingestimmt sind. In den Universen, die jenseits unseres physischen liegen, können Sie nicht einfach in neue Territorien einmarschieren und sie erobern. Sie müssen sich vielmehr schrittweise in Harmonie damit bringen – oder sie bleiben Ihnen verschlossen. »Je reiner und klarer du innerlich wirst«, schrieb Kubra, »desto reiner und schöner erscheint dir der Himmel, bis du schließlich in die göttliche Klarheit eingehst. Aber die göttliche Klarheit ist auch grenzenlos. Glaube also niemals, dass es jenseits dessen, was du erreicht hast, nicht noch mehr, nicht etwas noch Höheres gibt.«[14]

Ich weiß, dass Mystiker wie Kubra und an Mystik interessierte Wissenschaftler wie Swedenborg recht haben. Das Himmelreich ist nichts Abstraktes. Es ist keine Traumlandschaft, die einem reinen Wunschdenken entsprungen ist. Es ist ein Ort, der so real ist wie das Zimmer oder das Flugzeug oder der Strand oder die Bibliothek, also wie der Ort, an dem Sie sich gerade befinden. Es gibt Objekte darin: Bäume, Felder, Menschen, Tiere … sogar richtige Städte (wenn wir der Offenbarung des Johannes, dem persischen Visionär Suhrawardi oder dem arabischen Philosophen und Mystiker Ibn 'Arabi, die beide im 12. Jahrhundert lebten, glauben). Aber die Regeln, nach denen Dinge dort funktionieren – die Gesetze der himmlischen Physik, wenn Sie so wollen –, sind anders als unsere. Eine Regel müssen wir uns jedoch von jetzt an merken, nämlich dass wir am Ende dort landen, wo wir hingehören, und dass wir von der Menge an Liebe geleitet werden, die wir in uns haben, denn Liebe ist die Essenz des Himmels. Der Himmel ist aus Liebe gemacht. Sie ist die Münze, mit der in diesem Reich gezahlt wird.

Wir sind gut beraten, diese Prinzipien auch auf unser irdisches Leben anzuwenden – uns *wirklich* als die göttlichen, ewigen Geistwesen zu lieben, die wir sind, und diese Liebe an unsere Mitwesen und die ganze Schöpfung weiterzugeben. Indem wir als Kanal für die bedingungslose Liebe des Schöpfers gegenüber seiner Schöpfung dienen, indem wir Mitgefühl und Vergebung zeigen, übertragen wir die grenzenlose heilende Energie auf alle Ebenen dieses materiellen Reiches.

Deswegen ist die wichtigste Eigenschaft, die von uns verlangt wird, wenn wir einen kurzen Blick in diese Zone werfen wollen, während wir noch auf der Erde leben, nicht etwa ein großartiger Intellekt oder große Tapferkeit oder eine besondere Gerissenheit, so nützlich all diese Eigenschaften auch sein mögen. Was gebraucht wird, ist Ehrlichkeit. Man kann sich der Wahrheit auf tausend verschiedene Weisen annähern. Aber weil Gleiches Gleiches anzieht, müssen wir, um die Wahrheit mehr als alles andere zu begreifen, nur aufrichtig uns selbst gegenüber sein, ehrlich in Bezug auf die Herzensgüte und den Eigensinn, die in uns am Werk sind.

An diesem Punkt sprechen so verschiedene Autoritäten wie Buddha, Jesus und Einstein mit einer Stimme. Gleiches versteht Gleiches. Das Universum basiert auf Liebe, und wenn wir keine Liebe in uns haben, werden wir vom Universum ausgeschlossen. Wir verbringen unser Leben damit, triumphierend zu erklären, dass die geistige Welt nicht existiert, weil wir es versäumt haben, die Liebe in uns selbst zu wecken, die allein imstande ist, diese offensichtlichste aller Tatsachen sichtbar zu machen. Man kann nicht zur Wahrheit gelangen, wenn man selbst unehrlich ist. Man kann nicht zu ihr gelangen, wenn man sich selbst und andere belügt. Man kann nicht zur Wahrheit kommen, wenn man nur einen oberflächlichen Splitter von sich mitbringt und sein größeres, tieferes Selbst zurücklässt. Wer den ganzen Himmel sehen will, muss sich ganz mitbringen oder sonst einfach zu Hause bleiben.

4

Das Geschenk der Stärke

Einst griff eine Tigerin eine Ziegenherde an. Ein Jäger sah sie aus der Ferne und tötete sie. Die Tigerin war schwanger und brachte, kurz bevor sie starb, ein Junges zur Welt. Das Junge wuchs unter den Ziegen auf. Zunächst wurde es von den Ziegen gesäugt und später, als es größer wurde, fing es an, Gras zu fressen und zu meckern wie die Ziegen. Allmählich wuchs das Junge zu einem großen Tiger heran, aber der fraß immer noch Gras und meckerte. Wenn er von anderen Tieren angegriffen wurde, rannte er weg wie die anderen Ziegen.

Eines Tages griff ein grimmig dreinschauender Tiger die Herde an. Er wunderte sich, als er mitten in der Herde einen Tiger sah, der Gras fraß und mit den anderen Ziegen wegrannte, als er sich näherte. Da ließ er die Ziegen Ziegen sein und schnappte sich den grasfressenden Tiger, der zu meckern anfing und sich aus dem Staub machen wollte. Aber der grimmige Tiger schleppte ihn zum nächsten Wasserloch und sagte: »Jetzt schau dir mal dein Gesicht im Wasser an. Du siehst ja wohl, dass du das dicke Gesicht eines Tigers hast. Es sieht genau aus wie meines.« Als Nächstes stopfte er ihm ein Stück Fleisch ins Maul. Der grasfressende Tiger weigerte sich zunächst, das Fleisch zu fressen. Dann kam er auf den Geschmack und verzehrte das Fleisch mit Genuss. Schließlich sagte der grimmige Tiger zu dem Grasfresser: »Was für eine Schmach! Du hast mit den Ziegen gelebt und Gras gefressen wie sie!« Und der andere schämte sich sehr.

Sri Ramakrishna,
indischer Weiser des 19. Jahrhunderts[15]

Als ich Kind war, liebte ich Superman – ganz besonders die schwarz-weiße Fünfzigerjahre-Fernsehserie mit George Reeves. Wie es viele Kinder mit ihren Superhelden machen, bewunderte ich Reeves' Superman nicht nur. Ich identifizierte mich mit ihm. Wenn ich im Alter von sechs oder sieben mit einem Geschirrtuch-Cape, das ich in den Halsausschnitt meines Schlafanzugs gesteckt hatte, in ein Zimmer kam, wo meine Schwestern mit anderen Dingen beschäftigt waren und nicht sofort Notiz von mir nahmen, lachte ich mir ins Fäustchen. Merkten sie denn gar nicht, wen sie da direkt vor sich hatten?

Aber nicht nur, dass Superman so stark war, dass er fliegen konnte oder einen Röntgenblick hatte, beeindruckte mich, obwohl das wirklich schöne Eigenschaften waren. Es war vor allem die Tatsache, dass Superman *von woanders kam*. Obwohl er eine Arbeitsstelle hatte, die gut genug war, um sich an den Rest der gewöhnlichen Menschheit anzupassen, war Superman nicht von dieser Welt. Wie der Tiger in der Geschichte des indischen Weisen Ramakrishna lebte er in einer Welt, in der er glauben sollte, er sei eine bestimmte Art von Wesen, während er in Wirklichkeit unter der Oberfläche die ganze Zeit jemand anderes war.

Natürlich war ich nicht das einzige Kind auf der Welt, das Superman liebte. Ich hatte jede Menge Schulfreunde, die ebenfalls Fans von diesem und noch ganz anderen Superhelden waren: Spiderman, Ironman, der unglaubliche Hulk. Doch wenn ich zurückschaue (und sehe, wie beliebt diese Helden auch bei den heutigen Kindern noch sind), wird mir klar, dass so gut wie all diese Charaktere ein ähnliches Schwerpunktthema haben. Es sind Figuren mit einer geheimen Identität. Die Welt denkt, sie seien das eine, aber in Wirklichkeit sind sie etwas ganz anderes.

»Der Mensch ist ein Gott in Trümmern«, schreibt Ralph Waldo Emerson in seinem Essay *Nature*. Das klingt zwar negativ, aber was er damit andeuten will, ist genau das, was Ramakrishna in der Geschichte zu Beginn dieses Kapitels sagt: dass wir etwas sehr Großes sind, das fälschlicherweise zu der Überzeugung gelangt ist, es sei sehr klein. Wenn wir wieder gelernt haben, uns in dieser Weise neu zu bewerten, werden wir stärker. Und damit meine ich: sehr viel stärker.

Am Ende des 19. Jahrhunderts machten Psychologen eine sehr interessante Entdeckung: Wenn wir die Wahrheit verdrängen, müssen wir dafür büßen. Wenn wir tief innen wissen, dass etwas wahr ist, aber herumlaufen und vorgeben, dass es nicht wahr ist, entsteht ein Konflikt. Und dieser Konflikt wiederum verhindert, dass die verschiedenen Teile von uns effektiv miteinander kommunizieren. Teile von uns werden abgespalten und vernachlässigt. Und je mehr sie vernachlässigt werden, desto wütender werden sie – und desto frustrierter. Niemand kann zwei Herren dienen, sagte Jesus, und damit machte er nicht nur eine der großartigsten spirituellen, sondern auch eine der großartigsten psychologischen Aussagen.

»Der Gläubige«, schrieb der französische Soziologe Emile Durkheim (1858–1917), »ist nicht einfach nur ein Mensch, der neue Wahrheiten gesehen hat, von denen der Ungläubige keine Ahnung hat. Er ist ein Mensch, der *stärker* ist. Er spürt mehr Kraft in sich, um die Prüfungen der Existenz entweder zu ertragen oder zu überwinden. Es ist, als sei er über das Leid der Welt erhaben, weil er sich über seinen rein menschlichen Zustand erhoben hat.«[16]

Der Glaube versetzt Berge. Heute sagt man jedoch, dass der Glaube vom pragmatischen Standpunkt aus gesehen zwar sicherlich nützlich sei, wir aber naiv sein müssten, um ihn zu haben. Wir müssten unsere realistische, aristotelische Seite unterdrücken und auf unsere innere, träumerische, platonische Seite abdriften. Kurz gesagt, wir müssen uns selbst überlisten. Die konventionelle Wissenschaft verhindert, dass wir einen echten Optimismus darüber empfinden, wer wir sind und wohin wir gehen.

Das ist einer der Gründe, warum so viele wissenschaftlich geschulte Leser so bestürzt auf den Originaltitel von *Blick in die Ewigkeit, Proof of Heaven* (dt. »Beweis des Himmels«), reagiert haben. »Man kann diese Dinge einfach nicht *beweisen*«, sagen sie.

Interessanterweise fand das die Zustimmung vieler Leser, die sich dem Buch von einer religiösen Perspektive her näherten. Glaube, so argumentierten sie, und Glaubensfragen (Himmel, ein liebender Gott) seien nicht Gegenstand experimenteller Untersuchungen, bei denen es darum geht, Beweise zu liefern. Der Versuch, eine geistig-spirituelle Angelegenheit mit Methoden zu erfassen, die sich nur für physische Situationen eignen – also erhabene spirituelle Angelegenheiten auf den Rang eines chemischen Projekts herabzuwürdigen – sei Hybris im Extrem.

Da stimme ich zu. Spirituelle Angelegenheiten können nie mit den althergebrachten, aggressiven Mitteln der im 16. Jahrhundert entstandenen Wissenschaft bewiesen oder widerlegt werden. Doch was, wenn wir uns diesen Themen mit einer anderen Art von wissenschaftlichem Ansatz nähern? Mit einem, der nicht auf Vereinnahmung, sondern auf Fragen beruht? Mit einem Ansatz, den Wissenschaftler wie Pascal, Fechner, Goethe oder Swedenborg vielleicht gebilligt hätten?

Wenn wir uns das Leben und die Lehren vieler großer spiritueller Lehrer anschauen, liegen Wissen und Glaube nie weit auseinander, genau wie bei den genannten Wissenschaftlern. Das finde ich interessant. Und es stellt sich heraus, dass Glaube viel mehr mit Belegen zu tun hat, als wir oft realisieren. Der Hebräerbrief macht die wichtigste Aussage über den Glauben in der gesamten Literatur, nämlich, dass der Glaube »eine feste Zuversicht auf das« ist, »was man erhofft, und ein Nichtzweifeln an dem, was man nicht sieht« (Hebräer 11,1).

Feste Zuversicht. Nichtzweifeln. Tatsache ist, dass Wissenschaft und Glaube, die beiden Arten von Weltverständnis, die unsere Kultur geformt haben, erheblich stärker miteinander verflochten sind, als wir denken. Die ganze Vorstellung der klaren Trennung von »Glaube« auf der einen und »Wissenschaft« auf der anderen Seite ist reine Fantasie. Das menschliche Wissen kommt nicht auf sauber und ordentlich gezogenen Bahnen voran, auch wenn viele Befürworter sauberer und ordentlicher Lösungen das vielleicht gern so hätten.

»Ich glaube, um zu erkennen«, schrieb Anselm von Canterbury im 11. Jahrhundert und erinnerte damit an Augustinus, der rund siebenhundert Jahre vor ihm gesagt hatte: »Glaubt, damit ihr versteht.« Ohne einen anfänglichen Glauben daran, dass die Welt eine Ordnung hat, und zwar eine, die wir erkennen können, kann die Wissenschaft nicht eine einzige Sache über die wahre Natur des Universums herausfinden. Wissen setzt, wie der heilige Anselm sagte, in der Tat Glauben voraus – einen Glauben, der auf der grundlegenden Gültigkeit der Ordnung beruht, der wir »da draußen« im Universum ebenso begegnen wie »hier drinnen«, nämlich in uns selbst. Um die Welt verstehen zu können, müssen wir glauben, dass sie einen Sinn hat und dass sie offen dafür ist, von uns verstanden zu werden. Das ist die verborgene Glaubenskomponente hinter jeder Art von Wissenschaft.

Das ist eines der vielen interessanten Dinge in der sehr merkwürdigen und sehr aufregenden Zeit, in der wir aktuell leben. Fortschritte in der Wissenschaft – vor allem in der Physik, aber auch auf Gebieten wie Remote Viewing (Fernwahrnehmung), Telepathie und den superphysikalischen Ordnungsstrukturen, die hinter dem Wachstum und Verhalten von pflanzlichen und tierischen Organismen am Werk sind und die von Biologen wie Rupert Sheldrake aufgezeigt wurden – und nicht zu vergessen die ständig mehr werdenden Beweise für die Realität von Nahtoderlebnissen bringen die Wissenschaft und das, »was man nicht sieht«, wie Paulus es im Hebräerbrief formuliert, noch näher zusammen.

All dem liegt die wachsende Erkenntnis zugrunde, dass es nur eine Wahrheit gibt und nicht viele, wie viele Wege es auch geben mag, um sich ihr anzunähern. Und es ist die Wahrheit der alten spirituellen Welt, mit der wir so vertraut waren, bevor die Einwände der dogmatischen Religion und der dogmatischen Wissenschaft auftauchten und sie vernebelt haben.

Fakt ist, wir *können* beweisen, dass der Himmel existiert. Die geistige Welt ist real, und die Menschen begegnen ihr jeden Tag. Auch Sie haben vermutlich schon Ihre Erfahrungen mit ihr gemacht. Und ganz tief in Ihrem Innern wissen Sie das. Aber man hat Ihnen gesagt, dass das, was Sie als real erlebt haben, in Wirklichkeit überhaupt nicht real ist. Das ist das negative Vermächtnis von Genies wie Newton und den anderen Vätern der wissenschaftlichen Revolution. Aber mit der Wissenschaft – der echten Wissenschaft – ist es so: Wenn etwas überholt ist, wenn sich eine Theorie nicht mehr halten lässt, passt die Wissenschaft sie entweder an oder verfolgt sie nicht weiter. Ob es der materialistischen Wissenschaft nun gefällt oder nicht, genau das passiert im Moment.

Lieber Dr. Alexander,
im Jahr 1952 wurde bei mir ein Gehirnabszess dia-
gnostiziert. Damals war ich 8 Jahre alt. Ich wurde
operiert und lag anschließend zwei Wochen im Koma.
In dieser Zeit hatte ich, glaube ich, ein Nahtoderlebnis.
Als ich aufwachte, saß meine Mutter an meinem Bett,
und ich fragte sie, warum sie so besorgt aussehe. Sie
erklärte mir, wie krank ich gewesen war, und ich sagte,
sie brauche sich keine Gedanken zu machen, ich sei bei
Tante Julie gewesen. Diese Großtante war kurz zuvor
verstorben. Ich erinnere mich lebhaft daran, dass ich auf
ihrem Schoß gesessen hatte und von ihr getröstet worden
war. Ja, das könnte ein Traum gewesen sein, aber ich
denke nicht. Heute, so viele Jahre später, habe ich dieses
Bild noch ganz klar im Kopf. Ich erholte mich wieder

vollständig und hatte ein gutes Leben. Ihr Buch Blick
in die Ewigkeit *hatte so viel Ähnlichkeit mit meiner
Geschichte. Ich musste Ihnen das einfach mitteilen.*
   Jane-Ann Rowley

Platons Lehrer Sokrates ist unter anderem dadurch be-
rühmt geworden, dass er Stärke zeigte – die Stärke, die sich
einstellt, wenn wir entgegen der landläufigen Meinung
wirklich ja zum Himmel gesagt haben –, als er zum Tod
durch Gift verurteilt wurde, weil man ihm vorwarf, die Jugend von Athen verdorben zu haben. Neben dem von Jesus
ist der Tod des Sokrates der bedeutendste in der Geschichte
des Abendlandes. Platons Beschreibung der heroischen –
geradezu übermenschlichen – Gelassenheit, mit der Sokrates den Schierlingsbecher leer trank, der ihm von seinem
Athener Gefängniswärter dargereicht worden war, gilt als
eine der stärksten Szenen der Weltliteratur.

Platon wusste, dass man es nicht einfach kraft Charakterstärke schaffen konnte, so zu sterben – obwohl Sokrates sicherlich Charakterstärke hatte. Sokrates' uneingeschränkte
Nonchalance im Angesicht des Todes entsprang dem Wissen darüber, was der Tod wirklich ist: nicht das Ende, sondern die Rückkehr zu unserem wahren Zuhause.

Im Kern jedes spirituellen Glaubens liegt die intuitive
Gewissheit, dass wir nicht sind, wer wir zu sein glauben.
Dass wir nicht nur aus Erde gemachte Wesen sind, die dazu
bestimmt sind, eine gewisse Zeit hier auf der Erde zu wan-
deln und dann zu entschwinden. Es ist diese intuitive Gewissheit – vergraben, aber immer bereit, wiedererweckt zu
werden –, auf die uns die spirituellen Traditionen der Welt

(und insbesondere die initiatorischen Komponenten dieser Traditionen) unermüdlich aufmerksam machen wollen. *Da liegst du richtig,* sagen die spirituellen Traditionen in ihrer reichen Folge von Mythen und dramatischen Initiationsszenarien. *Du bist nicht, wer du zu sein glaubst. Du bist etwas viel, viel Größeres. Doch um dieses größere Wesen zu werden, musst du als die einfache irdische Person, die du jetzt bist, sterben. Du musst auch eine himmlische Person werden.* Diese Traditionen stellen uns die Frage, die der Springmeister mir vor meinem allerersten Fallschirmsprung stellte: *Bist du bereit?*

5

Das Geschenk der Zugehörigkeit

Ich glaube, dass der Beweis für Gott primär in persönlichen inneren Erfahrungen liegt.

William James

In den 1960er-Jahren gründete ein britischer Meeresbiologe namens Alister Hardy, der zu dieser Zeit hauptsächlich für seine Arbeit zur Biologie des Golfstroms bekannt war, ein Zentrum für die Erforschung der »inneren« Komponente des Menschen. Diese Komponente war nach Hardys Einschätzung von der Gehirnforschung noch nicht befriedigend erklärt worden. Er glaubte, dass der Geist mehr war als nur das Gehirn, und er wollte herausfinden, was, wenn überhaupt, ganz gewöhnliche Leute ihm vielleicht dazu zu sagen hatten.

Hardy und sein Team schickten eine Reihe von Fragebögen herum und sammelten mehr als dreitausend Berichte von Menschen, die in unmittelbaren Kontakt mit dieser inneren Dimension gekommen waren. Hardy war bereit, jedem zuzuhören, der eine plausible Geschichte zu erzählen hatte. Seine einzige Einschränkung bestand darin, dass er an ganz gewöhnlichen Menschen interessiert war, die echte Erfahrungen gemacht hatten – nicht an Predigten, Traktaten oder Versuchen, Hardy oder seine Mitarbeiter von dieser oder jener dogmatisch-religiösen Wahrheit zu überzeugen. Hardy war an Daten interessiert, nicht an Propaganda. Er war ein wahrer Wissenschaftler – ein Wahrheitssucher. Er suchte die Wahrheit allerdings auf einem Gebiet, wo sie nach Meinung seiner Wissenschaftskollegen nicht zu finden war.

Hardy erhob keinen Anspruch darauf, dass die Arbeit, die er machte, nach Laborstandards wissenschaftlich war. Er wusste, dass die Berichte, die er bekam, nichts enthalten würden, was man in einem Becherglas isolieren oder auf einer Skala messen konnte. Aber Hardy hatte das Gefühl, dass das keine Rolle spielte. Es konnte trotzdem real sein. Indem er so zu denken wagte, trat er direkt in die Fußstapfen des amerikanischen Philosophen und Psychologen William James (1842–1910), Bruder des Schriftstellers Henry James. Mit seinem Buch *The Varieties of Religious Experience* (1902) hatte William James die wissenschaftliche Erforschung spiritueller Phänomene revolutioniert. In *Varieties* und anderen Büchern gibt James den bahnbrechenden Hinweis, es sei zwar vielleicht unmöglich, spirituelle Erlebnisse einzufangen und im Labor zu untersuchen, doch dies bedeute nicht, dass sie nicht real seien.

James war daran interessiert zu hören, was Menschen mit ungewöhnlichen psychologischen Erfahrungen zu sagen hatten, was angesichts der Tatsache, dass er Psychologe war, nicht überrascht. Und er nahm ihre Berichte ernst; nicht blind und unkritisch, aber auch nicht im Rahmen eines wertenden religiösen Dogmas, sondern als potenzielle Teile eines Puzzles – des Rätsels, wer und was wir wirklich sind. *Varieties of Religious Experience* ist voll von Beschreibungen mystischer Erfahrungen aus erster Hand – sowohl von hochverehrten Mystikern (wie Teresa von Ávila oder Johannes vom Kreuz) als auch von ganz gewöhnlichen Menschen. James erkannte, zu seiner Zeit fast als Einziger, dass diese sehr verschiedenen Menschen erstaunlich ähnliche Erfahrungen mit der spirituellen Dimension gemacht hatten, sowohl inhaltlich als auch in Bezug auf ihre Wirkung auf die betreffenden Menschen. Anders als die anderen Psychologen seiner Zeit sah James in ungewöhnlichen psychologischen/spirituellen Erfahrungen nichts Pathologisches, das in Ordnung gebracht werden musste, sondern Hinweise auf größere menschliche Möglichkeiten – darauf, was die Menschen in Zukunft sein konnten. Die »Human-Potential-Bewegung«, die in den 1960er-Jahren ernsthaft lanciert wurde, verdankt ihre Existenz größtenteils ihm.

James hatte viele Gegner, dennoch war er zu seiner Zeit eine einflussreiche Persönlichkeit. Aber mit der Ankunft des 20. Jahrhunderts und der aggressiven Hinwendung zur kompromisslosen empirischen Psychologie (das Studieren von Ratten im Labyrinth, das Sezieren von Gehirnen und ähnliche eindeutige Beschäftigungen), kamen die subtilen Erkundungen, die James auf den Weg gebracht hatte, in Verruf. Wen kümmerten die Aussagen von ein paar überspannten Neurotikern dazu, dass sie gesehen hatten, wie sich der Himmel öffnete, oder dass sie angeblich mit Geistwesen gesprochen hatten? Offensichtlich dachten sie sich das nur aus.

Hardy war eine von einem halben Dutzend tapferer Wissenschaftlerseelen, die Mitte des 20. Jahrhunderts zu dem Schluss gekommen waren, dass die wahre Zukunft der

Psychologie in der Sichtweise lag, der James den Weg bereitet hatte, und dass es ein schrecklicher Fehler war, sie zu vergessen. Hardy war besonders an den Erfahrungen des Visionärs Jakob Böhme (1575–1624) interessiert. Als sein Blick eines Tages auf einen Sonnenstrahl fiel, der von einem Zinnteller reflektiert wurde, hatte Böhme eine Vision vom Gefüge der Welt. Eine ähnliche, aber noch intensivere Erfahrung machte er ein paar Jahre später. Böhme schrieb darüber: »Ich habe gesehen und habe in einer Viertelstunde mehr verstanden, als ich in langen Jahren in Schulen und Universitäten hätte lernen können ...«[17]

Böhme war kein verträumter Mystiker, der ein abgeschiedenes Leben in einem Kloster führte. Er war Schuhmacher. Es gibt wohl kaum etwas Diesseitigeres, als Schuhe anzufertigen. Wie konnte ein bodenständiger Mensch wie er behaupten, er habe in fünfzehn Minuten mehr verstanden, als er in langen Jahren in Schulen und Universitäten hätte lernen können?

Es überrascht Sie vermutlich nicht zu erfahren, dass einige der lokalen kirchlichen Autoritäten nicht erfreut waren, als Böhme schriftlich niederzulegen begann, was ihm in diesen Momenten als Vision offenbart worden war. Die dogmatische Religion ist nicht offen für Menschen, die einen direkten Zugang zu diesen höheren Bereichen haben. Aber es gab schon immer Strömungen in den Weltreligionen, die *sehr wohl* für diese Möglichkeit offen sind, und in der Wissenschaft gab es diese Strömungen auch.

Hardy war aufgefallen, dass es im Leben durchschnittlicher, gewöhnlicher Menschen oft außergewöhnliche Momente gab, dass diese Menschen aber nicht darüber sprechen, weil sie nicht glauben, dass sie ernst genommen werden. Er wollte zum Kern dessen vordringen, was diese Bereiche ausmacht, und war bereit, den Menschen, die Erfahrungen damit gemacht hatten, zu glauben.

Diese Welt war nicht vage und abstrakt, sondern erstaunlich kraftvoll. Hardy schrieb:

> *Viele Menschen hatten zu bestimmten Zeiten in ihrem Leben besondere, tief empfundene, transzendentale Erlebnisse, die ihnen die Gegenwart dieser Kraft sehr deutlich bewusst gemacht haben. Wenn sich ein solches Erlebnis einstellte, war es immer gänzlich anders als jede andere Art von Erfahrung, die sie jemals gemacht hatten. Sie bringen es nicht unbedingt mit einem religiösen Gefühl in Verbindung, und es passiert auch nicht nur denen, die einer institutionellen Religion angehören oder die sich an gemeinschaftlichen Kulthandlungen beteiligen. Oft machen Kinder, Atheisten und Agnostiker eine solche Erfahrung, und in der Regel hinterlässt sie bei der betreffenden Person die Überzeugung, dass die alltägliche Welt nicht die ganze Realität ist – dass das Leben noch eine andere Dimension hat.*[18]

Berichte über Erleuchtungserlebnisse wie diese – und alle möglichen anderen – ergossen sich in Hardys Büro. Anscheinend hatten nicht nur viele Menschen solche Erfahrungen gemacht; offenbar hatten viele auch nur darauf gewartet, dass jemand mit Hardys Hintergrund sie danach fragte. Sie waren sowohl erleichtert als auch freudig erregt, dass endlich ein echter Wissenschaftler Interesse an dem bekundet hatte, was ihnen widerfahren war. Viele teilten Hardy mit, was so viele Menschen auch mir geschrieben haben: »Das habe ich noch nie jemandem erzählt.«

Lieber Dr. Alexander,
ich habe Ihr Buch am Samstag in vier Stunden durch-
gelesen. Als ich einmal angefangen hatte zu lesen,
konnte ich es nicht mehr weglegen.

Nachdem ich fünfzig Jahre ohne jede Erfahrung mit
dem Tod eines engen Familienmitglieds gelebt hatte,
begann ein Zeitraum von zwei Jahren, in dem ich sieben
Menschen verlor, die mir außerordentlich nahe gestanden
hatten. Ich war beunruhigt über einen Vorfall, der sich
in Zusammenhang mit dem ersten Tod, dem meiner
Exschwiegermutter Ann, ereignet hatte. Mein Exmann
war in Afghanistan und versuchte verzweifelt zurück-
zukommen, um ihr beizustehen. Er brauchte vier Tage,
um in die USA zurückzukommen. Weil meine Schwieger-
mutter keine anderen lebenden Familienmitglieder hatte
(außer meinen Töchtern, die wir für zu jung hielten),
wurde ich gebeten, bei ihr zu bleiben für den Fall, dass sie
starb, bevor ihr Sohn eintraf, und ich ging sofort zu ihr.

Sie starb an einem Emphysem, und ihr Geist war für
eine 82-Jährige vollkommen intakt. Sie konnte allerdings
nur sehr leise sprechen und musste mir ins Ohr flüstern,
wenn wir uns unterhielten. Sie sprach viel über Dinge,
die sich vor vielen Jahren ereignet hatten. Sie wusste
die Namen ihrer Enkeltöchter. Sie wusste, dass ihr Sohn
kommen würde, und sie wusste, wer ich war. Den ersten
Tag verbrachten wir damit, unsere Beziehung wieder

»aufzufrischen«, denn immerhin waren zehn Jahre vergangen, seit ich sie das letzte Mal gesehen hatte.

Sie dankte mir dafür, dass ich … zu der Zeit bei ihr war. Sie machte sich viele Gedanken über ihre Haare und ihr Äußeres. Als ich ankam, trug sie einen roten Hut, und obwohl es so aussah, als schlafe sie, fasste sie nach oben, um sicherzugehen, dass der Hut richtig auf ihrem Kopf saß. Das tat sie in meinem Beisein mindestens zehn- bis fünfzehnmal am Tag. Ansonsten schien sie dem zu folgen, wovon ich jetzt weiß, dass es der normale Sterbeverlauf in einem Hospiz ist. Sie hörte erst auf zu essen, dann trank sie nichts mehr, hatte einen Vitalitätsausbruch und so weiter.

Am Morgen des Tages, an dem sie starb, fragte sie mich, wann ihr Sohn ankommen würde. Ich sagte, das werde wohl noch zwei Tage dauern, und sofort trat ein gequälter Ausdruck auf ihr Gesicht. Er verriet mir, dass sie nicht mehr so lange warten konnte. Sie zog mich nah zu sich heran und sagte, ihre Mutter und ihr Bruder (beide waren vor ihr verstorben) seien da und wollten, dass sie gehe. Ich wusste zwar nicht, wo die Worte herkamen, aber ich beugte mich hinunter und flüsterte ihr zu, dass sie mitgehen solle, wenn sie gekommen waren, um sie abzu- holen, denn genau so, wie sie jetzt ihre Mutter und ihren Bruder wiedersah, würde sie auch ihren Sohn wiedersehen. Das friedvollste Lächeln, das ich je gesehen habe, trat auf ihre Lippen … dieses Lächeln sagte so viele Dinge auf einmal.

Am Nachmittag kamen meine Töchter und brachten Weihnachten in ihr Zimmer! Mit dem gleichen Lächeln

auf den Lippen betrachtete sie den Baum, den Schnee-
mann und die Lichter, die sie hereintrugen. Nach einer
Weile gingen die Kinder, und sie und ich waren wieder
allein. Sie schlief ein, und auch ich schlief eine Weile.
Gegen 23.00 Uhr wachte ich auf und sah, wie meine
Schwiegermutter mit jemandem am Fußende ihres Bettes
sprach. Ich saß neben ihr, etwa auf Höhe ihrer Brust. Dort
war niemand. Sie nahm ihren roten Hut ab, als wolle sie
ihn jemandem geben, zog die Hand mit dem Hut dann
widerwillig zurück, streckte sie erneut aus, ließ den Hut
schließlich los, und ich sah, wie er auf ihrem Schoß landete.
Wieder trat dieses Lächeln auf ihre Lippen. Dann lehnte
sie sich zurück und schlief ein. Auch ich schlief wieder ein
und ließ den Hut auf ihrem Schoß liegen.

Gegen 1.00 Uhr morgens wachte ich wieder auf, und
das Erste, was mir auffiel, war, dass ihre Füße jetzt direkt
neben mir lagen. Sie war gestorben und hatte sich dabei
im Bett umgedreht. Sie hatte einen sehr »gequälten«
Ausdruck im Gesicht. Der Hut war verschwunden. Ich
rief die Schwester. Die Schwestern verfielen sofort in ihre
übliche Routine, zogen sie aus, zogen das Bett ab und
so weiter. Dann wickelten sie sie in ein Leintuch und
legten sie ins Bett zurück. Dann gaben sie mir leere blaue
Säcke und wiesen mich an, ihre Sachen einzupacken.
Ich packte ein. Sie halfen mir.

Um 2.00 Uhr rief mein Exmann an. Ich sprach
45 Minuten lang mit ihm. Wir beschlossen abzuwarten
und es unseren Töchtern erst am nächsten Morgen zu
sagen. Nachdem ich aufgelegt hatte, stand ich mit ihren
Sachen in den blauen Säcken vor ihrer Zimmertür und

sah, dass es schneite – ein extrem starker Schneefall hatte eingesetzt. Weil ich dreißig Minuten weit weg und hoch in den Bergen wohne, wollte ich nicht versuchen, jetzt heimzufahren. Mein Mann war nicht in der Stadt, und meine Töchter wollte ich nicht anrufen, weil ich auch nicht wollte, dass sie durch den Schneesturm fuhren. Also blieb ich auf dem Flur stehen. Ich fühlte mich extrem allein, stand immer noch unter Schock und überlegte mehr oder weniger betäubt, was ich jetzt tun sollte.

… Am nächsten Morgen schaute ich auf Wunsch ihres Sohnes die Sachen meiner Schwiegermutter durch. Der rote Hut war nicht dabei. Ich dachte, er sei vielleicht beim Abziehen in das Bettzeug geraten. Also rief ich gleich bei der Hospizverwaltung an, die sofort in der Wäscherei nachsehen ließ, denn alle dort kannten den roten Hut. Sie hatte ihn ja die ganze Zeit getragen, sogar wenn sie schlief. Er wurde aber nicht gefunden.

… Ich verlor noch weitere Menschen. Einer meiner engsten Freunde starb kurz darauf bei einem Motorradunfall. Dann wurde mein Vater krank. Ich war dabei, als er starb. Ein paar Tage vor seinem Tod saßen wir vor seinem Haus, nur er und ich. Da schaute er mir sehr sachlich ins Gesicht und sagte: »Hast du die gerade gesehen?« »Wen, Papa?« Und er beschrieb eine Frau, die gerade »vorbeigegangen« war – wie sie aussah, was sie angehabt hatte. Plötzlich wusste ich, dass er von seiner Schwester Natalie sprach, die gestorben war, als er noch jung war. Ich hatte ein Foto von ihr gesehen und wusste, dass er dieses Foto beschrieb.

Also fragte ich ihn, ob er ihr Gesicht gesehen habe, in der

Hoffnung, er würde ihren Namen sagen; aber stattdessen schaute er mich ganz ruhig an, deutete auf die Haustür und sagte: »Nein, habe ich nicht, aber sie ist reingegangen, wenn du auch reingehen und sie sehen willst.« An diesem Abend, nachdem ich gegangen war, um ein wenig Schlaf zu bekommen, erzählte er meiner Mutter, dass Natalie da gewesen sei und morgen wiederkomme, um »mit mir in die Kirche zu gehen«. Er starb am folgenden Tag. In den Tagen vor seinem Tod schaute er immer hoch zur Decke, streckte die Arme aus und sagte »wow«, als sehe er die schönsten Dinge, die er je gesehen hatte.

Als Nächster starb mein Onkel Tony. Dann meine neue Schwiegermutter. In beiden Fällen war ich nicht anwesend. Dann starb meine Tante Jane, die wie eine Mutter für mich gewesen war. Ihre Tochter und ich waren mehrere Wochen lang fast jeden Tag bei ihr. Sie hatte Alzheimer, Parkinson und zwei Arten von Krebs. Sie hatte keine Ahnung, wer ich war. Fast ein ganzes Jahr vor ihrem Tod erkannte sie weder ihren eigenen Sohn noch ihre Tochter. Sie erinnerte sich auch nicht, dass sie mit Onkel Joe verheiratet war.

Am Tag, bevor sie starb, statteten ihre Tochter und ich ihr einen Besuch in ihrem Zimmer ab. Wir waren erstaunt, als wir sie sahen: vollständig angezogen, aufrecht auf einem Stuhl sitzend und mit einem Lächeln auf den Lippen. Sobald wir das Zimmer betraten, begann sie zu sprechen. Sie erzählte uns, dass Mario (mein Vater) und Tony (mein Onkel) da gewesen seien und dass sie morgen wiederkommen würden, um sie zu holen. Ein paar Tage zuvor hatte sie uns noch nicht einmal sagen können, wer sie waren, als wir ihr ein Bild von ihnen zeigten. In den nächsten drei Stunden redete sie ununterbrochen. So viel hatte sie noch nie gesprochen, seit sie vor mehreren Monaten dort angekommen war. Sie war klar, nicht mehr verwirrt, und erzählte uns Geschichten aus ihrem Leben, die für uns einen Sinn ergaben. Sie sprach über ihren Mann Joe, den sie jetzt wieder kannte. Nach diesen drei Stunden entließ sie uns mit einer Botschaft für unsere Zukunft. Sie sagte, dass für uns beide alles »gut« werden würde, und dann bat sie, zu Bett gehen zu dürfen. Fast auf der Stelle war sie wieder umnebelt. Schließlich gingen wir nach Hause und unterhielten uns darüber, dass dies vielleicht ihr »Ausbruch« gewesen war.

Am nächsten Morgen bekamen wir kurz nach dem Aufwachen einen Anruf. Wir sollten »sofort kommen« – doch sie starb, bevor wir bei ihr waren. Als ich in ihr Zimmer kam, hatte sie einen so friedlichen Ausdruck auf dem Gesicht, fast ein Lächeln. So anders als der Ausdruck, den ich im Gesicht meiner Exschwiegermutter gesehen hatte.

Seit sich all diese Sterbefälle ereignet haben, sind in meinem Umfeld »eigenartige« Dinge passiert. Manche Menschen sprechen von »Zeichen«. Ich weiß nicht recht, was ich davon halten soll, und habe mit niemandem darüber gesprochen, weil ich fürchte, man könnte mich für verrückt halten. Viele dieser Dinge »verfolgen« mich, wenn Sie so wollen. Letzten Samstag war ich mit meiner Cousine in einem Target-Laden, weil sie eine Geburtstagskarte kaufen wollte. Während sie gleich nach rechts zu den Karten abbog, ging ich weiter geradeaus und blieb

erst stehen, als ich das Regal erreicht hatte, in dem Ihr
Buch stand. Ich weiß nicht, warum ich dort stehen blieb.
Ich nahm Ihr Buch aus dem Regal und auch das, das
direkt daneben stand, Waking Up in Heaven, *und las*
beide in einem Zug durch. Jetzt denke ich nicht mehr,
dass ich verrückt bin. Während ich sie las, spürte ich
einen solchen Frieden in mir wie schon lange nicht mehr.
Alles ergab einen Sinn.

Ich weiß, dies ist eine sehr lange Geschichte, und ich
bitte um Verzeihung, dass ich so viel von Ihrer Zeit in
Anspruch genommen habe. Ich musste Ihnen einfach
mitteilen, dass Ihre Geschichte mein Leben auf so viele
Arten verändert hat. Ich weiß nicht, warum ich das
nicht auf meine eigene Weise erforscht habe, als diese
Dinge passiert sind – ich habe es einfach nicht getan.
Ich fürchtete, die Leute würden mich für verrückt halten,
also behielt ich meine Geschichte für mich. Sie ist anders
als Ihre Geschichte, aber als Ihr Doktorfreund über sein
Erlebnis mit seinem Vater berichtete, passte es zu meinem.
Ich glaube wirklich, dass mich etwas (oder jemand) zu
Ihrer Geschichte hingezogen hat, und das werde ich immer
glauben. Danke, dass Sie sie erzählt und wissenschaftlich
erklärt haben, dass diese Dinge geschehen können und
auch geschehen. Möge Gott Sie auch weiterhin segnen,
Eben Alexander – ich werde Sie immer in meine Gebete
einschließen.

In Briefen wie diesem, die in ihrer von Herzen kommen-
den Direktheit so kraftvoll sind, erzählen mir die Menschen
genau das, was so viele Hardy und vor ihm James erzählt

haben. Erlebnisse wie diese sind schwer zu beschreiben – nicht nur, weil sich die Erzähler Gedanken darüber machen, was die Zuhörer denken könnten, sondern auch einfach deshalb, weil sie so schwer in Worte zu fassen sind. Doch so schwer es auch war, diese Menschen *haben* Worte dafür gefunden und sie niedergeschrieben. Viele schrieben Hardy (und auch mir haben viele das geschrieben), dass sie es einfach tun mussten.

Jemand erklärte Hardy:

Ich habe beschlossen, mein Erlebnis niederzuschreiben, nachdem ich es vierzig Jahre lang für mich behalten habe. Ich war sechzehn und hatte schon immer Freude an einsamen Spaziergängen in der Umgebung meines ländlichen Zuhauses gehabt. Eines Abends machte ich mich wie gewohnt allein auf den Weg in den Wald. Ich fühlte mich weder besonders glücklich noch besonders traurig, nur ganz normal. Ich war ganz sicher nicht »auf der Suche« nach etwas. Ich wollte nur um meines Seelenfriedens willen spazieren gehen. Es muss August gewesen sein, denn das Korn war reif, und ich hatte nur ein Sommerkleid und Sandalen an. Ich war schon fast am Wald, als ich stehen blieb, mich zum Kornfeld umdrehte und zwei oder drei Schritte nach vorn machte, sodass ich die Ähren berühren und beobachten konnte, wie sie sich in der leichten Brise wiegten. Ich schaute zum Ende des Feldes – es war damals von einer Hecke begrenzt – und darüber hinweg auf ein paar hohe Bäume und in Richtung Dorf. Die Sonne stand zu meiner Linken; sie schien mir nicht in die Augen.

Dann ... fehlt mir ein Stück. Ich werde nie erfahren, wie viel gefehlt hat, weil ich nur in meinem normalen Bewusstseinszustand war und nur über meine normalen Fähigkeiten verfügte, als ich daraus hervorging. Überall um mich herum war ein weißes, helles, funkelndes Licht wie das der Sonne auf frostigem Schnee, wie eine Million Diamanten, und es gab kein Kornfeld mehr, keine Bäume, keinen Himmel. Dieses Licht war überall, meine gewöhnlichen Augen waren offen, aber ich sah nicht mit ihnen. Ich denke, es kann nur einen Moment gedauert haben, sonst wäre ich umgefallen. Das Gefühl war unbeschreiblich, und ich habe in den folgenden Jahren nichts mehr erlebt, was mit diesem wunderbaren Augenblick vergleichbar gewesen wäre. Er war herrlich und erhebend, und mir blieb der Mund offen vor Verwunderung.

Dann wurden erst die Wipfel der Bäume wieder sichtbar, dann ein Stück Himmel, und peu à peu verschwand das Licht, und das Kornfeld breitete sich wieder vor mir aus. Ich stand noch lange dort und versuchte vergeblich, es zurückzuholen. Seitdem habe ich es noch viele Male versucht, das Licht aber nur dieses eine Mal gesehen. In meinem Herzen aber weiß ich, dass es immer noch dort ist – und hier und überall um uns herum. Ich weiß, dass der Himmel in uns und um uns herum ist. Ich habe ja diese wunderbare Erfahrung gemacht, die mir ein unvergleichliches Glücksgefühl beschert hat.

Wir sehen Gott im Wunder des Lebens, in den Bäumen, den Blumen und den Vögeln. Ich muss schmunzeln, wenn ich höre, dass von einem Gott mit menschlichen

Eigenschaften, zornig oder dergleichen, die Rede ist. Ich
habe ihn erfahren, gesehen und gespürt, und ich bin in
aller Demut dankbar für diesen inneren Fels, an dem
ich mich festhalten kann.

   Ich habe dies niedergeschrieben, aber noch nie jeman-
dem davon erzählt.[19]

Viele Erlebnisse der von Hardy Befragten waren ähnlich kurz, aber ebenso transformierend. Eine andere Frau
schrieb:

Mein Mann starb am 6. September 1968. Danach war
ich fast ein ganzes Jahr lang extrem niedergeschlagen,
und nichts, einfach gar nichts konnte mich trösten. Als
ich eines Morgens in meiner Badewanne saß, zu depri-
miert, um an irgendetwas zu denken, tauchte plötzlich
ein strahlend goldener Farbton in meinem Kopf auf.
Etwas Derartiges hatte ich noch nie zuvor gesehen, und
an seiner Basis befand sich ein kleiner schwarzer Punkt
von der Größe eines Stecknadelkopfes. Gefühlte zwei Se-
kunden lang war ich sehr erschrocken, bis mir endlich
aufging, dass dies mein Mann sein musste. Ich rief nach
ihm, und auf der Stelle wurde die schöne goldene Farbe
allmählich blasser, und ich habe sie seitdem nie wieder
gesehen. Das ist alles, was passiert ist, aber es hat in
mir eine große innere Ruhe hinterlassen und die Über-
zeugung, dass alles gut ist. Ich denke auch, dass mein
Glaube als Ergebnis dieser Erfahrung viel stärker
geworden ist.[20]

Sobald Sie einen Einblick in die höheren Welten bekommen und das starke Gefühl der Zugehörigkeit gewonnen haben, das von ihnen gefördert wird – und gegen das sich so viel im Leben verschwört, sodass wir es vergessen –, können alle möglichen Erfahrungen bewirken, dass Sie wieder daran erinnert werden und mit diesen höheren Welten in Kontakt treten. Tatsache ist, dass viele Dinge, die wir Menschen gern tun, ohne dass wir genau erklären können, *warum*, uns genau deshalb ein so gutes Gefühl geben, weil sie uns wieder mit dieser Welt in Verbindung bringen. Ich surfe zwar nicht selbst, aber meine beiden Söhne sind Surfer. Ich habe Menschen beim Surfen beobachtet und sie miteinander sprechen hören. Daher weiß ich, dass die Magie dieser Sportart unter anderem darin besteht, dass sie eine besonders kraftvolle Rückverbindung zu den Welten herstellt, die jenseits von dieser Welt liegen – zu einem Reich, das so viel mehr Bewegung, so viel mehr Leben und so viel mehr Gefühl zu bieten hat. Ich fahre sehr gern Ski, und wenn Sie jemals Ski gefahren sind, kennen Sie sicher das Gefühl, das Sie haben, wenn Sie kurz davor sind, sich einen steilen Abhang hinunterzustürzen. Ein Teil von Ihnen, der ganz tief in Ihrem Innern wohnt, wacht auf, wenn das passiert. Es ist etwas Körperliches, aber es ist auch *mehr* als körperlich.

Es erübrigt sich zu erwähnen, dass dies im höchsten Maße auf das Gefühl zutrifft, das ich beim Fallschirmspringen hatte. Ich sehe meine jugendliche Begeisterung für diesen Sport mittlerweile als den wohl auffälligsten Hinweis darauf, dass ich einen regelrechten Hunger auf den Himmel hatte, auch wenn ich es damals sicher nicht so genannt hätte.

Ein Wort, das von Athleten – und nicht ganz zufälligerweise auch von Drogenkonsumenten – verwendet wird, ist hier besonders bedeutungsvoll: *Rausch*.

Als Arzt weiß ich, dass ganz besondere Dinge im Gehirn vor sich gehen, wenn unser Körper auf natürliche Weise oder künstlich stimuliert wird. Jedes Vergnügen, das wir erfahren, solange wir in unserem Körper sind, zeigt sich durch die neuronale Aktivität im Gehirn, und der Rausch, der durch einen Sprung aus einem Flugzeug oder durch die Einnahme einer starken Droge hervorgerufen wird, aktiviert im Wesentlichen die gleichen Gehirnzentren.

Es ist jedoch ein Fehler, sich hier nur die neuronale Aktivität anzuschauen und die gesamte bewusste Erfahrung mit ihr erklären zu wollen. Wir erfahren das Leben über unser Gehirn, solange wir in unserem Körper sind. Das Gehirn ist die Schaltstation zwischen »hier« (dem Körper) und »dort« (den unermesslichen Welten jenseits des Körpers). Das heißt aber nicht, dass das Gehirn die *Ursache* unserer bewussten Erfahrung ist. Was sich da wirklich abspielt, ist sehr viel komplexer. Bei dem ständigen Hin und Her zwischen unserem Gehirn und unserem Bewusstsein versucht das Gehirn heldenhaft, uns am Leben und aus der Gefahrenzone zu halten, indem es sich bemüht, die absolute Kontrolle zu behalten und sich nicht von dem sehr realen Input ablenken zu lassen, der von jenseits der physischen Welt kommt.

Wenn sich nun zum Beispiel ein Drogenabhängiger durch Einnahme einer Droge ein gutes Gefühl verschafft, gewinnt er eine gewisse Befreiung von der Kontrolle, die das physische Gehirn mit seinem Faible für überlebensbezogene

Daten über uns ausübt. Bei dem Rausch, den ein Drogensüchtiger hat, und bei dem Rausch, den ein Surfer oder Fallschirmspringer erlebt, handelt es sich jeweils um eine momentane Befreiung aus der Umarmung des Körpers. Das Problem beim Drogenkonsum besteht darin, dass die Methode, mit der diese Befreiung erlangt wird, eine Art Betrug ist. Das Gehirn wird *gezwungen,* die Kontrolle über das Bewusstsein aufzugeben, und wenn die Wirkung der Droge nachlässt, fällt derjenige, der sie konsumiert hat, umso tiefer zurück in seine Körperlichkeit. Er landet unsanft auf dem Boden, und mit jeder neuen Reise und Rückkehr, die er auf diese Weise macht, nimmt er Schaden an Körper und Seele – ganz zu schweigen davon, dass seine Chancen, diese Befreiung jemals auf natürliche Weise erlangen zu können, immer geringer werden. Hier auf der Erde ist jeder Rausch irgendwann zu Ende. Dort oben aber endet er nicht. Dort oben bleibt das Gefühl konstant. Hier auf der Erde würde ein unausgesetzter Rausch schnell zum Albtraum werden. Sich von unserem hiesigen Standpunkt aus vorzustellen, wie sich das anfühlen würde, ist also wieder einmal so gut wie unmöglich. Das heißt aber nicht, dass es nicht wahr ist.

Viele der Berichte, die Hardy gesammelt hat, waren Erinnerungen an Erlebnisse aus der Kindheit der Betreffenden, die sie manchmal sechs oder sieben Jahrzehnte zuvor gehabt hatten. Aber bei den Befragten war die Erinnerung daran so frisch, als sei dies erst ein paar Tage zuvor geschehen.

Das ist an sich schon sehr aussagekräftig. Als Kinder waren viele von uns völlig vertraut mit der Vorstellung, dass es eine unsichtbare Realität gibt. Wir haben uns zwischen unsichtbaren Dingen bewegt, während wir zugleich die (normalerweise) sehr viel weniger interessante Welt der Erwachsenenrealität zu bewältigen hatten. Aber wir haben uns nicht täuschen lassen. Wie ich damals mit meinem Superman-Cape wussten wir ganz genau, welche Welt die wichtigere war.

Dann hörte das auf – bei vielen Menschen interessanterweise etwa im Alter von sieben oder acht Jahren. Eine Verbindung brach ab, und von da an galten Tag für Tag immer mehr die Regeln der Erwachsenenwelt. Der schottische Dichter Edwin Muir (1887–1959) schrieb:

> *Ein Kind hat ein ihm eigenes Bild von der menschlichen Existenz, an das es sich vermutlich nie mehr erinnert, wenn es erst einmal verloren gegangen ist: die ursprüngliche Sicht der Welt. Ich stelle mir dieses Bild oder diese Sichtweise als einen Zustand vor, in dem sich die Erde, die Häuser auf der Erde und das Leben eines jeden menschlichen Wesens auf den Himmel beziehen, der sich darüber wölbt, als passe sich der Himmel der Erde an und die Erde dem Himmel. Bestimmte Träume überzeugen mich davon, dass ein Kind diese Sicht der Welt hat, in der alle Dinge in viel vollständigerer Harmonie miteinander sind, als es sie je wieder erfahren wird.*[21]

Die Kindheit ist eine Zeit, in der Himmel und Erde noch grundsätzlich vereint sind. Später, wenn wir älter werden, bewegen sie sich voneinander weg – vielleicht ein wenig, vielleicht sehr weit. Doch wie weit sie auch voneinander entfernt scheinen, wir bekommen Hinweise und Einblicke und manchmal noch mehr, die deutlich machen, dass der Himmel immer noch ganz nah ist.

»Es war, als sagte etwas zu mir: ›Erlaube dir niemals, das infrage zu stellen‹«, zitiert Hardy-Mitarbeiter Edward Robinson jemanden, der einen Moment der geistigen Einsicht in seiner Kindheit beschrieb. »Und ich wusste, dass ich das nicht durfte. Ich wusste, dies war das Wirklichste, was mir je passiert war.«[22] »Wenn das [eine] Halluzination war«, zitiert Robinson jemand anderen in seinem Buch über spirituelle Kindheitserlebnisse, »warum ist es mir dann als das realste und lebendigste Erlebnis in Erinnerung, das ich jemals hatte? Es war, als komme man in Kontakt mit einem unter Spannung stehenden Draht, während man nach einem Streichholz tastet.«[23]

Autoren wie William James, der Altphilologe Frederic W. H. Myers im späten 19. Jahrhundert oder der Schriftsteller Aldous Huxley Mitte des 20. Jahrhunderts haben es schon angedeutet: Es gibt Hinweise darauf, dass das Gehirn als eine Art »Reduzierventil« für das Bewusstsein fungiert. Wir wissen mehr, wenn wir »außerhalb« des Gehirns sind, als wir wissen, wenn wir ganz Kopfmensch sind. Ein weiterer Befragter schrieb an Hardy:

Ich glaube, ich habe von Kindheit an immer das Gefühl gehabt, dass die wahre Realität nicht in der Welt zu finden ist, wie der Durchschnittsmensch sie sieht. Wie es scheint, ist hier eine konstante Kraft am Werk, die sich ihren Weg tief aus dem eigenen Innern an die Oberfläche des Bewusstseins zu bahnen versucht. Der Verstand ist ständig bemüht, ein Symbol zu kreieren, das umfangreich genug ist, um sie zu erfassen, aber damit scheitert er regelmäßig. Es gibt Momente der reinen Freude, in denen man eine geschärfte Wahrnehmung für die eigene Umgebung hat, als sei gerade eine große Wahrheit übermittelt worden ... Manchmal fühlt es sich an, als sei das physische Gehirn nicht groß genug, um sie durchzulassen.[24]

Diejenigen, die sich immer noch von der grob vereinfachenden Vorstellung, dass »das Gehirn Bewusstsein schafft«, verführen lassen, und diejenigen, die ich vielleicht verschrecken könnte, wenn ich erwähne, dass die Zerstörung meines Neokortex mein Bewusstsein stark erhöht hat, möchte ich an zwei häufig beobachtete klinische Phänomene erinnern, die eine echte Herausforderung für das simplifizierende Modell »Das Gehirn erschafft den Geist« darstellen:

1. *zeitweilige Klarheit:* demente, ältere Patienten erleben kurz vor ihrem Tod oft erstaunliche Oasen des Erkennens, der Erinnerung, der Einsicht und der Reflexion, häufig zu Zeiten, in denen sie sich voll und ganz dessen bewusst sind, dass die Seelen Verstorbener gekommen sind, um sie in das geistige Reich zu begleiten und

2. *das erworbene Savant-Syndrom:* eine Form der Hirnschädigung, wie man sie bei Autismus, Kopfverletzungen oder einem Schlaganfall sieht, ermöglicht eine gewisse übermenschliche geistige Leistungsfähigkeit, etwa besonders ausgeprägte mathematische, intuitive oder musikalische Fähigkeiten oder ein perfektes Gedächtnis für Zahlen, Namen, Daten oder visuelle Eindrücke.

Mit unseren grob vereinfachenden Vorstellungen vom Gehirn können wir solche außergewöhnlichen und kontraintuitiven Beobachtungen nicht erklären. Als ich tiefer in das Mysterium meiner Reise eintauchte, gelangte ich zu der Erkenntnis, dass unser jeweils eigenes Bewusstsein das Einzige ist, wovon jeder von uns weiß, dass es existiert. Die Neurologie, mit der ich mich jahrzehntelang befasst habe, verweist uns darauf, dass *alles*, was jeder von uns vor seiner Geburt erlebt hat, nicht mehr ist als die elektrochemische Aktivität (Frequenz, Schwingung) von hundert Milliarden Neuronen, die in einer außerordentlich komplexen, drei Pfund schweren gallertartigen Masse, die wir als menschliches Gehirn kennen, interagieren.

Das Zentrum der wissenschaftlichen Erforschung des Bewusstseins ist gegenwärtig die Division of Perceptual Studies (DOPS) an der University of Virginia, wo die Forscher Ed Kelly und Emily Williams Kelly, Bruce Greyson und andere damit beschäftigt sind, die gewaltige Arbeit, die Wissenschaftler wie Myers und James um die Wende zum 20. Jahrhundert geleistet haben, wiederzubeleben und der Öffentlichkeit erneut zugänglich zu machen. Wenn irgendetwas aus diesem Büchlein Sie begeistert und Sie es vertiefen möchten, schlage ich vor, dass Sie sich als Nächstes ihre gewaltige, lebensverändernde Studie *Irreducible Mind: Toward a Psychology for the Twenty-first Century* vornehmen. Das Buch ist umfangreich und komplex, weil die DOPS-Gruppe aus Wissenschaftlern besteht, die sich bemüht haben, umfassend auf die üblichen Einwände gegen die Vorstellung, dass das Bewusstsein den Tod des Gehirns überlebt, zu antworten.

Als menschliche Wesen haben wir ungeahnte Möglichkeiten. Wir fangen erst an zu verstehen, wer und was wir wirklich sind. Der Körper gibt uns zahllose Hinweise auf die wahren kosmischen Wesen, zu denen wir uns gerade entwickeln. Wenn alles zusammenspielt, ist der Körper nicht einfach nur ein Anker und eine Verschleierung unserer geistigen Wirklichkeiten, sondern auch ein Mittel, um diese Möglichkeiten auf die Erde zu bringen. Das Gleiche gilt für das Gehirn, wie wir an den verbürgten Fällen von Wunderkindern und kindlichen Genies sehen. Sie können sicher sein: Es gibt einen Grund, warum wir spirituelle Wesen sind, die eine irdische Erfahrung machen. Wir sind hier, um zu lernen, aber wir bringen sehr viel mächtigere Werkzeuge mit, um diese Aufgabe zu bewältigen, als uns gegenwärtig bewusst ist. Unsere Odyssee durch die Materie ist nicht einfach nur ein Test, und sie ist definitiv keine Strafe. Sie ist vielmehr ein Kapitel in der Entfaltung, der Evolution des Kosmos selbst, denn wir sind Gottes großartigste Experimente und seine Hoffnungsträger in einem Maße, das unser Vorstellungsvermögen weit übertrifft.

Die Menschen, die vor dreißig Jahren auf Hardys Fragen geantwortet haben, und die Menschen, mit denen ich jeden Tag spreche, sagen ein und dasselbe. Es ist die eine wahre Geschichte, die sich ihren Weg zu uns zurück bahnt. Die Realität des Himmels und unseres Platzes darin bricht durch die Mauern der Verleugnung, die wir in den letzten Jahrhunderten aufgebaut haben, und wir hören ihre Botschaft wieder: Wir werden geliebt. Wir werden erkannt. Wir gehören dazu.

Es gab noch ein weiteres Gefühl, das mich regelmäßig überkam und das ich jetzt nur als eine Art Einsicht bezeichnen kann. Gleichzeitig habe ich dieses Gefühl als intensive Realität und als Wissen in Erinnerung. Es war eine Art von Gefühl, das sich einstellte, wenn ich wirklich sah und wusste, wie die Dinge hinter ihrer äußeren Erscheinung tatsächlich waren. Zu diesen Zeiten der Erkenntnis sah ich weder flackernde Farben, noch fühlte ich mich überlebensgroß, noch hörte ich ein seltsames inneres Summen. Vielmehr sah ich die normale Welt sehr klar und mit unendlich vielen Details, und ich wusste, dass alles miteinander zusammenhängt.[25]

Der Befragte, der Hardy diese Beschreibung schickte, war höchstwahrscheinlich kein Wissenschaftler. Aber das, worüber er schreibt, ist dem nicht unähnlich, worüber moderne Physiker sprechen, wenn sie uns sagen, dass auf der physischen Ebene nichts endgültig von anderem getrennt ist. Eine grundlegende Trennung gibt es im Universum nicht, egal, ob man es von einem naturwissenschaftlichen oder von einem psychologischen Standpunkt aus betrachtet oder von beiden.

Die Erfahrung dieser Verbundenheit ist, wenn man sie macht, enorm kraftvoll. Aber die Verbindung bricht leicht ab. Ein anderer Befragter schrieb Hardy:

Als Heranwachsender war ich noch stärker irritiert, wenn mir klar wurde, dass viele Menschen in einer ganz anderen Welt lebten als ich. Sie konnten Dinge töten, ohne sich selbst zu verletzen, sie konnten schlafen, ohne

zu träumen oder träumen, ohne dabei Farben zu sehen.
Sie konnten offenbar immer das Gefühl haben, in ihrer
Haut zu stecken, und die Dinge, die sie sahen und hörten,
schienen reale und voneinander getrennte und eigen-
ständige Realitäten zu sein. Die objektive Welt kam
den meisten Menschen real vor und die subjektive Welt
unwirklich oder nicht existent.[26]

Die Initiationszeremonien vieler traditioneller Völker finden etwa genau zu der Zeit statt, in der sich die anfängliche
Phase der kindlichen »Unschuld« und der direkten und
unkomplizierten Verbindung mit der geistigen Welt ihrem
Ende zuneigt. Wenn wir diese ursprüngliche Kindheitsver-
bindung, dieses intuitive Gefühl der Zugehörigkeit verlieren, ist es die Aufgabe der Religion, sich einzuschalten und
uns zu helfen, sie zurückzubekommen und aufrechtzuer-
halten. Traditionelle Gesellschaften, die sich der tiefen Verbindung, die Kinder mit der geistigen Seite des Universums haben, bewusst waren, wussten genau, wann die Zeit
reif war, dies zu tun, um dem Heranwachsenden zu helfen,
sich das Wissen über den Himmel, das er als Kind auf ganz
natürliche Weise hatte, einzuprägen, auf dass es nie verloren gehe.

Würde man gebeten werden, das Leben der Religion in möglichst
weite und allgemeine Begriffe zu fassen, könnte man sagen,
es besteht in der Überzeugung, dass es eine unsichtbare Ordnung gibt
und dass es unser höchstes Gut ist, uns ihr harmonisch anzupassen.
William James, *The Varieties of Religious Experience*

Unnötig zu sagen, dass es das ist, was auch die heutigen Religionen leisten sollten. Die traurige, aber faszinierende Tatsache ist jedoch, dass ein Kind, das vor 600 Jahren bei einem Stamm im Amazonasregenwald aufwuchs, die Werkzeuge mitbekommen hat, die es brauchte, um sich in der materiellen Welt zurechtzufinden und gleichzeitig mit der geistigen Welt in Verbindung zu bleiben, was bei unseren Kindern oft nicht der Fall ist. Das soll das Christentum oder die anderen modernen Glaubenstraditionen in keiner Weise abwerten. Aber man kann sagen, dass sich diese Glaubensrichtungen miteinander und mit der Naturwissenschaft verbinden müssen, um eine neue Sichtweise zu schaffen – eine Sichtweise, die Naturwissenschaft *und* Religion umfasst und die unseren Kindern echte Möglichkeiten aufzeigt, wie man zu allen Zeiten mit der geistigen Welt in Kontakt bleiben kann. Wir müssen eine Kultur werden, die, wie so viele Kulturen in der Vergangenheit, all ihren Mitgliedern zeigt, wie man ein ganzes Leben lang einem roten Faden folgen kann.[27]

Thomas Traherne, ein Kleriker des 17. Jahrhunderts, dessen Schriften allerdings erst im späten 19. Jahrhundert zufällig entdeckt wurden, schrieb: »Du wirst die Welt niemals richtig genießen, solange das Meer nicht durch deine Adern fließt, solange der Himmel dich nicht zudeckt und die Sterne dich nicht krönen – und solange du dich nicht als Universalerbe der ganzen Welt wahrnimmst, und mehr als das, weil Menschen auf dieser Welt leben, die alle Universalerben sind, genau wie du.«

Erben – das perfekte Wort. Aus materieller Sicht sind wir, wie bereits erwähnt, kosmische Wesen. Das Meer fließt im wahrsten Sinne des Wortes durch unsere Adern, weil Blut praktisch identisch ist mit dem Salzwasser, aus dem unsere tierischen Körper einst hervorgegangen sind. Auch die Kalziumatome, die unsere Knochen bilden, und die Kohlenstoffatome, die 18 Prozent unseres Körpers ausmachen, wurden vor Milliarden von Jahren im Herzen uralter Sterne gebildet – Sterne, die, als sie zu weißen Zwergen kollabierten und dann wieder als Supernovä explodierten, diese Atome ins Universum schleuderten, wo sie sich schließlich mit anderen komplexen Elementen zusammenschlossen, um sowohl Planeten wie diesen zu bilden als auch die physischen Körper aller lebenden Wesen, die jetzt unseren Planeten bewohnen.

Aber wir sind auch geistige Wesen – die Erben des Himmels. Unser materielles Erbe und unser geistiges Erbe sind nicht streng voneinander getrennt, sondern vielmehr eng miteinander verflochten, wieder wie die beiden Zwillingsschlangen, die sich den Caduceus hinaufwinden. Von einem »äußeren«, aristotelischen Standpunkt aus gesehen, sind wir aus Erde »gemacht«. Aber aus einer inneren, platonisch-initiatorischen Perspektive betrachtet, sind wir aus himmlischem Ton geformt – aus dem, was die persischen Mystiker des 12. Jahrhunderts »die Erde des Himmels« genannt haben. Wir gehören zu beiden Welten.

6

Das Geschenk der Freude

In den Augenblicken großer Freude ist unser wahres Wesen am besten sichtbar.

Medhananda, deutscher Hindu-Mystiker

des 20. Jahrhunderts[28]

Die über dieser Welt liegenden Welten fließen über von Gefühlen, von Wärme, die mehr ist als nur eine physische Empfindung, und von anderen Qualitäten, die weit über und jenseits meiner Fähigkeit, sie zu beschreiben, liegen. Aber eins kann ich Ihnen sagen: Ich war bereit für sie. Obwohl sie mich mit einer umwerfenden Neuheit und Frische erfüllten, waren sie paradoxerweise auch vertraut. Ich hatte sie schon vorher gespürt. Nicht als Eben Alexander, sondern als das Geistwesen, das ich war, und zwar lange, lange bevor dieses spezielle Körper gewordene Wesen auf den Plan trat, und das ich wieder sein werde, wenn die irdischen Elemente, die gegenwärtig meinen physischen Körper bilden, ihre verschiedenen Wege gegangen sind.

Die Welten dort oben sind nicht allgemein, nicht vage. Sie sind zutiefst und durchdringend lebendig und etwa so abstrakt wie ein Eimer voll Brathähnchen, das Glitzern der Motorhaube eines Pontiac Trans Am oder Ihr erster Schwarm. Deswegen klingen die Beschreibungen des Himmels, die

Menschen wie Swedenborg formuliert haben, manchmal so absolut verrückt. Ich weiß sehr wohl, wie verrückt mein eigener Bericht klingt, und meine Sympathie gehört denen, die ihre Schwierigkeiten damit haben. Wie vieles im Leben klingt das alles ziemlich weit hergeholt – bis Sie es selbst erleben.

Es gibt Bäume in den Welten über dieser. Es gibt Felder, es gibt Tiere und Menschen. Es gibt auch Wasser – Wasser im Überfluss. Es fließt in Flüssen und fällt als Regen nieder. Nebel steigen von der pulsierenden Oberfläche dieser Gewässer auf, und Fische gleiten darunter hin und her. Wiederum keine abstrakten, mathematischen Fische. Echte Fische. Durch und durch so real wie jeder Fisch, den Sie je gesehen haben, und noch viel, viel realer. Die Wasser dort sind wie irdisches Wasser. Und doch sind sie kein irdisches Wasser. Es ist – um es in einer Weise zu sagen, die zu kurz greift, wie ich weiß, aber dennoch genau ist – mehr als nur irdisches Wasser. Es ist Wasser, das der Quelle näher ist. So wie das Wasser im Oberlauf eines mäandernden Flusses der Quelle näher ist. Dieses Wasser ist zutiefst vertraut. Wenn Sie es sehen, erkennen Sie, dass die wunderschönsten Wasserlandschaften, die Sie jemals auf der Erde gesehen haben, deshalb so wunderschön waren, weil sie Sie an dieses Wasser erinnert haben. Es ist lebendiges Wasser von der Art, wie dort oben alles lebt, und es zieht Sie an, sodass Ihr Blick sich darin verlieren möchte, tiefer und tiefer, weiter und weiter, für immer. Es war Wasser, das alle irdischen Gewässer, die ich je gesehen habe, von den Stränden Carolinas bis zu den Flüssen im Westen, wie geringere Versionen, kleinere Geschwister von diesem erscheinen ließ. Es war so, wie Wasser sein soll, was ich auf irgendeiner tieferen Ebene schon immer gewusst hatte.

Das soll die Meere und Flüsse und Seen und Gewitterregen und all die anderen Formen von Wasser, die ich auf der Erde gesehen und genossen habe, nicht abwerten. Es geht mir vielmehr einfach darum zu sagen, dass ich diese Wasser jetzt mit ganz neuen Augen sehe, ähnlich wie ich übrigens alle Naturschönheiten dieser Erde in einem neuen Licht sehe. Kurz, wenn wir aufsteigen, ist alles immer noch da. Nur realer. Weniger dicht und gleichzeitig intensiver – mehr *da*. Objekte und Landschaften und Menschen und Tiere platzen regelrecht vor Leben und Farbe. Die Welt dort oben ist auf der einen Seite so gewaltig und vielfältig und bevölkert und verschieden wie diese Welt und zugleich unendlich viel mehr.

Aber in all dieser gewaltigen Vielfalt gibt es nicht dieses Gefühl des *Andersseins,* das diese Welt charakterisiert, wo ein Ding für sich allein steht und nicht direkt etwas mit den anderen Dingen zu tun hat, von denen es umgeben ist. Dort ist nichts isoliert. Nichts ist entfremdet. Nichts ist abgekoppelt. Alles ist *eins,* ohne dass diese Einheit in irgendeiner Weise Homogenität suggeriert, also einen Einheitsbrei. Der Schriftsteller C.S. Lewis hat dies wunderbar in Worte gefasst, als er darauf hinwies, dass wir uns die Einheit Gottes nicht als so etwas wie einen großen, faden Tapiokapudding vorstellen sollen. Es ist nicht *diese* Art von Einheit.

Jene Welt nur für einen Moment zu sehen bedeutet, dass Ihr Herz durch die plötzlich heranrauschende Erinnerung an seine Realität bricht. Aber es bedeutet auch, dass Ihr Herz geheilt wird, weil Sie sich erinnern, woher Sie

kommen, was Sie sind und wohin Sie eines Tages zurückkehren. Sie haben einen Blick in die Welt außerhalb der
Höhle geworfen, und das hat alles verändert, für immer.

Ultra-real, das Wort, das in Beschreibungen von Nahtoderlebnissen häufig auftaucht, ist hier ein Schlüsselbegriff.
Gegenüber Eben IV., meinem älteren Sohn, der Neurologie am College studierte, erwähnte ich, als ich aus dem
Krankenhaus entlassen wurde: »Das war alles *viel zu real,
um real zu sein!*« Weil er wusste, dass man jedes Mal, wenn
man eine Erinnerung wieder aufruft, das Risiko eingeht, sie
zu verändern, gab er mir den Rat, alles niederzuschreiben,
was ich von meiner Koma-Odyssee noch in Erinnerung
hatte, bevor ich irgendetwas über Nahtoderlebnisse, Physik oder Kosmologie las. Acht Wochen später, nachdem ich
schon über 20 000 Wörter geschrieben hatte, vertiefte ich
mich in die Literatur über Nahtoderlebnisse. Ich war erstaunt zu erfahren, dass mehr als die Hälfte der Nahtoderfahrenen über jene Welt berichten, dass sie sehr viel realer
sei als diese. Das ist skeptischen Materialisten, die ihre Erinnerungen an jenes Reich tief vergraben haben, schwer zu
vermitteln, aber es ist erfrischend einfach, es mit denen zu
teilen, die selbst dort waren. Das Gespräch geht dann oft
weit über die gesprochenen Worte hinaus, die so einschrän-
kend sein können, wenn wir uns über solche nicht irdischen Reiche in der Limitiertheit unserer erdgebundenen
Sprache unterhalten.

Eine merkwürdige Eigenschaft von Erinnerungen an
diese zutiefst transzendentalen Nahtoderlebnisse besteht,
abgesehen von ihrer auffallend ultra-realen Beschaffenheit,
darin, dass sie bleibend und lebensverändernd sind. Diese

Erinnerungen verblassen nicht wie die meisten aus dem Gehirn stammenden Erinnerungen. Nach meinen Vorträgen kamen Menschen zu mir und schilderten ihre Nahtoderlebnisse, die sie mehr als sieben Jahrzehnte früher gehabt hatten, so detailliert, als sei es gestern gewesen. Weiterführende Literatur, nicht nur über Nahtoderlebnisse, sondern auch über das Leben nach dem Tod, sowie die Schriften von religiösen Mystikern und Propheten, die Tausende von Jahren zurückreichen, erläutern die profunden Ähnlichkeiten so vieler dieser Erfahrungen. Viele Menschen haben versucht, die gleiche fantastische, unendlich liebende Gegenwart im Mittelpunkt allen Seins zu beschreiben. Einige Skeptiker sehen bei ihrer Betrachtung den Wald vor lauter Bäumen nicht und verlieren sich in Details, weil sie in ihrem Bemühen, die Aussagen zu widerlegen, so sehr damit beschäftigt sind, die Unterschiede herauszuarbeiten, dass ihnen die tiefere Wahrheit der Gemeinsamkeiten von Kulturen, Überzeugungen, Kontinenten und Jahrtausenden entgeht.

Jene Welt ist sehr viel realer als diese trübe, traumartige, materielle Welt. Der Schleier, der, wie ich glaube, zwischen beiden liegt, ist von einer Intelligenz, die unendlich viel größer ist als unsere eigene, klug konstruiert worden, und das hat einen Grund. In dieser irdischen Welt sollen wir, wie ich glaube, die Lektionen von bedingungsloser Liebe, Mitgefühl, Vergebung und Akzeptanz lernen. Unser Wissen über unsere ewige geistige Natur soll nicht so klar sein wie der Mond, der abends am Himmel aufgeht. Unsere Fähigkeit, die wichtigsten Lektionen des Lebens ganz zu lernen, beruht darauf, dass uns das vollständigere (und doch endliche) Wissen, über das unsere höheren Seelen zwischen den Leben verfügen, teilweise verborgen bleibt.

Wie kann das alles sein? Wie kann es andere Welten geben, in denen wir tatsächlich Dinge und Situationen und Wesen antreffen, die denen in dieser Welt ähnlich sind? Den einfachsten Weg zum Verständnis findet man mit einer Skizze des Universums, die in vielen Traditionen verwendet wird, besonders von den altpersischen Mystikern. Auf dieser Skizze oder Karte ist das Universum sehr breit an der Unterseite und spitz am oberen Ende dargestellt – wie der Hut eines Zauberers. Stellen Sie sich einen solchen Hut auf dem Boden stehend vor. Der untere Teil, die breite Kreisfläche, die der Hut bedeckt, ist das Reich des Irdischen. Stellen Sie sich nun im Innern des Hutes eine Reihe von Ebenen vor, die nach oben hin zunehmend kleiner werden. Das ist eine sehr klare (wenn auch offensichtlich enorm vereinfachende) Art zu beschreiben, was geschieht, wenn die Seele in die geistigen Welten aufsteigt. Diese Welten werden allerdings nicht wirklich kleiner, während wir aufsteigen. Ganz im Gegenteil. Sie werden immer gewaltiger und von dort, wo wir sind, immer schwerer zu beschreiben. Nur räumlich gesehen werden sie kleiner, denn Raum gibt es in jenen Welten nicht in der Weise wie hier. Raum wird weniger wichtig, weil seine letztlich illusorische Natur deutlicher zutage tritt. In diesen höheren Bereichen erleben wir unmittelbar, was uns Bells Theorem – zwei Teilchen an entgegengesetzten Enden des Universums interagieren ohne jede Zeitverzögerung – viel abstrakter deutlich macht. Das Universum ist *eins*.

Die Welten über dieser Welt sind voll von weiten Räumen

und eröffnen uns Perspektiven, die das Beeindruckendste und Inspirierendste, was wir hier auf der Erde überhaupt finden können, bei Weitem in den Schatten stellen. Jene Räume sind voll von Dingen und Wesen, die wir von unserem irdischen Leben her kennen. Sie sind real. Aber der Raum, den sie bewohnen, ist ein höherer Raum als dieser. Also funktioniert dort nichts so wie hier, und in dem Moment, in dem Sie anfangen, ihn zu beschreiben, bekommen Sie Probleme. Er ist real, verhält sich aber – wie die Materie selbst, wenn wir sie auf der Quantenebene betrachten – in keiner Weise so, wie wir es gewohnt sind.

Die überlieferten spirituellen Schriften teilen uns mit, dass an der Spitze des Hutes jede Ausdehnung verschwindet. Dieser Punkt – die Spitze des Zauberhutes – ist der Ort, wo alle unsere irdischen Kategorien für Raum und Zeit und Bewegung, die zunehmend spirituell werden, je höher wir steigen, ganz verschwinden. Jenseits davon gibt es keinen Raum, keine Zeit … keinen der Orientierungspunkte, die wir an dem Ort verwenden, an dem wir jetzt sind.

Das Einzige, was wir hier auf der Erde kennen und was auch über diesen Punkt hinaus erhalten bleibt, ist die Liebe. Gott ist Liebe, und auch wir sind auf unserer tiefsten Ebene Liebe. Es gibt keine abstrakte Liebe. Es gibt nichts dergleichen. Diese Liebe ist härter als ein Fels und lauter als ein ganzes Orchester und vitaler als ein Gewitter und so zerbrechlich und anrührend wie die schwächste unschuldig leidende Kreatur und so stark wie tausend Sonnen. Dies ist keine Wahrheit, die wir angemessen in Worte fassen können, wohl aber eine, die wir alle erfahren werden.

Die Hürden begannen zu fallen, und ein Schleier nach dem anderen teilte sich in meinem Kopf. Aus einem egozentrischen Glücksgefühl heraus wollte ich dieses Erlebnis mit anderen teilen, zunächst mit den mir nahestehenden Menschen, dann mit einem immer größer werdenden Kreis, bis jeder und alles eingeschlossen war. Ich hatte das Gefühl, jetzt all diesen Menschen helfen zu können; dass es nichts mehr gab, was nicht in meiner Macht stand. Ich fühlte mich allmächtig. Die Ekstase vertiefte und intensivierte sich. Ich fing an zu schreien. Ich wusste, dass alles gut war, dass die Basis von allem liebende Güte war, dass alle Religionen und Wissenschaften Wege zu dieser höchsten Realität waren.[29]

Wie bei diesem von Hardy Befragten war es auch bei mir. Als ich nach meinem Nahtoderlebnis wieder sprechen lernte und mein Körper und mein Gehirn wieder in vollem Umfang funktionierten, war das, was ich in meinem Bemühen, diese geistigen Welten zu beschreiben, am meisten zu bieten hatte, freudiger Enthusiasmus, der die Form einer langen Reihe von Superlativen annahm. Doch je öfter ich diese Adjektive wiederholte, desto weniger verstand irgendjemand, was ich sagen wollte. *Wunderschön. Überirdisch. Fantastisch. Umwerfend.*

Eines Tages, als Ptolemy und ich hin und her überlegten, wie wir die Geschichte meiner Reise verfeinern konnten, um den Lesern zu vermitteln, wie es sich wirklich angefühlt hatte, sagte er: »Eben, ich verbiete Ihnen, das Wort *wunderschön* noch ein einziges Mal zu tippen oder auszusprechen. Es sagt überhaupt nichts aus.«

Ich hatte vollkommen verstanden. (Obwohl alle, die bei meinen Vorträgen waren, wissen, dass ich immer noch ständig rückfällig werde.) Ich war zurück aus einer Welt, die sich nicht nur jedem Versuch, sie zu beschreiben, entzog, sondern auch sämtliche Kategorien zerstieben ließ, die wir sonst verwenden, um irdische Realitäten zu beschreiben. In den Welten jenseits von dieser gibt es unendlich viel mehr Möglichkeiten zu fühlen und zu erleben und zu kommunizieren, und als ich mit der Erinnerung an diesen weitaus größeren Katalog von Wahrnehmungen und Gefühlen zurückkkam, war es, als würde ich einer Person, die in nur zwei Dimensionen lebt, etwas Dreidimensionales beschreiben müssen. (Dies ist übrigens eine Überlegung, die 1884 von dem Geistlichen und Mathematiker Edwin Abbott angestellt wurde, und zwar in seinem Roman *Flatland,* in dem jemand, der in ein Land mit drei Dimensionen reist, ähnlich frustrierende Erfahrungen macht, als er in seine zweidimensionale Welt zurückkehrt und seinen zweidimensionalen Freunden davon zu erzählen versucht.)

Doch wie schwer es auch ist, Nachrichten aus jenen Welten in unsere zu bringen, es ist absolut wichtig, dass diejenigen, die solche Erlebnisse hatten, es trotzdem versuchen. Solche Beschreibungen sind die Nahrung, die wir heute brauchen. Jene Welten dort oben in einer nicht aggressiven, sondern demütigen Weise zu kartieren ist ein entscheidender Teil unserer eigenen Heilung und der Heilung unserer Welt. Jeder weiß, welch gewaltiger Zweifel und wie viel Verzweiflung gegenwärtig in der Welt vorhanden sind. Wenn Sie einen starken religiösen Glauben haben, sind Sie höchstwahrscheinlich besser dran als jemand, der nicht glaubt. Aber wenn Sie, genau wie ich mittlerweile, Religion, Spiritualität und Wissenschaft als Partner betrachten, wenn es darum geht, das Universum so darzustellen, wie es wirklich ist, können Sie meiner Einschätzung nach sogar noch stärker werden.

Goethe, Fechner, Pascal, Swedenborg und zahlreiche andere wissenschaftliche Geister fanden diese Stärke, als sie sich erlaubten, auch spirituelle Geister zu werden. Im Denken dieser Pioniere legen das irdische/äußere und das himmlische/innere Selbst ihre offenkundigen Konflikte bei und werden Verbündete.

Wenn das geschieht, sehen wir, dass das Universum ein durch und durch geordneter Platz ist, sowohl physisch *als auch* spirituell. Auf die gleiche Ordnung, von der wir fühlen, dass sie in unserem Bewusstsein wirkt, können wir auch in der äußeren Welt immer wieder einen flüchtigen Blick werfen. Und ein flüchtiger Blick auf diese Ordnung genügt, um das Gefühl, das unseren Tag bestimmt, von Leid in Freude zu verwandeln.

Natalie Sudman, Autorin des wirklich bemerkenswerten Buches *The Application of Impossible Things* über ein Nahtoderlebnis, das sie im Irakkrieg hatte, als der Geländewagen, in dem sie saß, in die Luft gesprengt wurde, bemerkt:

Die Buddhisten sagen: »Schmerz ist unvermeidlich, Leiden ist selbst gewählt.« Weil ich verstehe, dass ich meine Erfahrungen von Anfang bis Ende selbst konzipiert habe und mich meine außerkörperlichen Erlebnisse darin bestärken, dass mein Leben an sich einen Sinn und einen Wert hat, ist Leiden unmöglich. Selbst als ich blut-

*überströmt in einem verkohlten Lkw zu Bewusstsein kam
oder mit quälenden Schmerzen und in Fötalposition zu-
sammengekrümmt in einem Krankenhausbett lag oder
als ich (das Schlimmste!) als Nachwirkung des Narkose-
mittels meine Eingeweide herauskotzte oder als ich über
fünfzig Jahre Doppelsehen nachdachte, wurde ich an die
grundlegende Freude des Seins erinnert, die ich außerhalb meines Körpers sehr intensiv erlebt hatte. Das ist
nicht so sehr ein Glücksgefühl, das mir eher eine Reaktion auf die Umwelt und die Umstände zu sein scheint,
als ein dauerhafter innerer Zustand. Ich kann niedergeschlagen, ängstlich, besorgt, verärgert, wütend, mit anderen Worten unglücklich mit meinen Umständen oder
meiner Umgebung sein und gleichzeitig interessiert an,
neugierig auf und sogar begeistert über diese Umstände
oder diese Umgebung, über meine eigene Erschaffung
von ihnen und über meine Handlungen und Emotionen, während ich darin bin. Nicht immer genieße ich
die Tatsache, dass ich in dieser Welt bin, oder diese besonderen Umstände, aber immer empfinde ich eine grundlegende Freude darüber, eine bewusste, kreative, expan-
sive Persönlichkeit zu sein, die ihre Erfahrung erforscht
und sich an dem ihr eigenen Humor erfreut.*[30]

Natalie fand diese Freude, als sie die Realität der jenseitigen
Welten entdeckte. Es war die gleiche Art von Entdeckung,
die der Dichter William Butler Yeats (1865–1939) unter
ganz anderen Umständen machte, nämlich während eines
Erlebnisses, das er in diesen Zeilen beschreibt: »Ich weiß
jetzt, dass diese Offenbarung aus dem eigenen Ich kommt,

aber aus diesem immerwährend erinnerten Ich, das die kunstvolle Schale der Molluske formt und das Kind im Mutterleib, das Vögel lehrt, ihr Nest zu bauen, und dass Genialität der entscheidende Punkt ist, an dem sich dieses vergrabene Ich in bestimmten Momenten mit unserem trivialen alltäglichen Verstand verbindet.«[31] Yeats waren diese Momente der plötzlichen Erleuchtung nicht fremd – Momente, in denen er die Erde im Licht des Himmels sah und verstand, dass das »Himmlische« nicht nur jenseits, nicht nur da draußen, nicht irgendwo anders war, sondern genau hier, genau jetzt, verwoben mit dem Stoff dessen, was so oft wie eine langweilige, gewöhnliche Existenz erscheint.

Ich, der grad seinen Fünfzigsten hatte,
Ich saß, ein Mann, der einsam war,
In einer überfüllten Londoner Bar,
Vor mir ein offenes Buch und eine leere Tasse
Auf einem Tisch mit einer Marmorplatte.
Als meine Augen durch die Bar dann auf die Straße schwammen,
Da schien mein Körper plötzlich aufzuflammen;
Zwanzig Minuten ungefähr
Schien's, dass mein Glück so überschwer,
Als ob zum Segnen ich bestellt und selbst gesegnet wär.[32]

Wir wandern in einer Welt der Dunkelheit herum. Dann passiert etwas – irgendetwas, sei es ein unerwarteter Akt der Freundlichkeit, das Flackern eines Lichts auf einer Vase oder gar ein Nahtoderlebnis, bei dem wir in eine andere Welt reisen. Und plötzlich öffnet sich die Welt. Wir sehen, was dahinter ist. Wir sehen, was die ganze Zeit da war, wofür wir in unserer Welt aber in einzigartiger Weise blind sind, weil wir verlernt haben, wie wir uns dem annähern und es ständig in unserem Bewusstsein halten können.

Seit ich Teenager war, hatte ich Zweifel an der Existenz Gottes im traditionell christlichen Sinne. Ich hatte enorme Schwierigkeiten, mich mit irgendeiner Religion zu identifizieren, und doch habe ich mich immer genötigt gefühlt, etwas »jenseits davon« anzunehmen. Atheismus war eine Festlegung, die ich nicht eingehen wollte. Also nehme ich seit meiner Teenagerzeit die Bezeichnung »Agnostiker« für mich in Anspruch.

… Und doch fühlte ich mich genötigt, an irgendetwas zu glauben. So sehr, dass es für mich verwirrend war, meine Überzeugungen nicht aussprechen zu können. Ich fühlte mich verloren.

Ich habe Dr. Alexanders Buch gelesen, und als er davon sprach, dass Gott ein Licht in der Dunkelheit ist, wurde ich so sehr von Emotionen überwältigt, dass ich in Tränen ausbrach. In der Tat kommen mir auch jetzt, während ich mich daran erinnere und dies niederschreibe, die Tränen. Ich habe mich nur bei drei anderen Anlässen so gefühlt, nämlich als meine Kinder geboren wurden. Ich spürte einfach die Gewissheit, dass das, was ich da las, wahr war. Und plötzlich fühlte ich mich, als sei ein Gewicht von meinen Schultern genommen, und es war in Ordnung für mich, keine Religion zu haben. Es war in Ordnung, kein Etikett zu haben. Es war in Ordnung, einfach nur zu fühlen, was ich fühlte.

Seither gab es Zeiten, in denen ich mich vom Leben überwältigt fühlte, und früher hatte ich wirklich keine anderen Bewältigungsstrategien als eine Ativan-Tablette gehabt, um mich zu beruhigen. Der größte Einfluss, den die Lektüre des Buches auf mich hatte, war, dass ich mich jetzt wahrhaft glücklich fühle. Und wenn die Dinge anfangen, verrückt oder zu aufregend zu werden, bin ich plötzlich ganz ruhig und in der Lage, dieses Leben zu relativieren, und meine Sorgen und der Stress sind plötzlich leichter zu bewältigen. Alles, was Dr. Alexander geschrieben hat, fühlt sich einfach so wahr an.

Es hat mich immer extrem aufgeregt zu erfahren, wie schrecklich Menschen zueinander sein können. Kinder, die missbraucht werden, Folter, Krieg, all die furchtbaren Dinge auf diesem Planeten, die wir einander antun. Zu wissen, dass das nicht alles ist, was es gibt, macht mich so unglaublich glücklich.

Mein Mann hat das Buch auch gelesen und sich von seinem Atheismus ab- und einer eher »universalen« Art von Glauben zugewandt, in dem Gott eine Wesenheit ist, so etwas wie eine Energiegewalt in unserem Universum. Dass ich mich ihm jetzt näher fühle, ist ein Ergebnis davon, dass wir beide dieses Buch gelesen haben.

Danke, dass Sie sich die Zeit genommen haben, dies zu lesen,

Christine

Warum gibt es so viel Leid auf der Welt? Hier sind zwei Antworten, mit denen ich nicht einverstanden bin. Es sind in Wirklichkeit die östliche und die westliche Version ein und derselben (zutiefst falschen) Vorstellung:

1. Es ist alles Karma. Seien Sie froh, dass das Leid, das Sie jetzt auf sich nehmen müssen, die Fehler begleicht, die Sie in einem früheren Leben begangen haben.
2. Leiden macht stark. Gott prüft uns als gefallene Kreaturen, um uns dabei zu helfen, unsere sündige Natur zu überwinden.

Ich habe im Laufe meines Lebens zu viel Leid und Schmerz gesehen – sowohl auf Seiten leidender Patienten als auch auf der ihrer leidenden Familien und Angehörigen – und zu viel Freude in den jenseitigen Welten, als dass ich einer dieser Erklärungen Glauben schenken könnte. Ich bin vielmehr davon überzeugt, dass das Wesen, das ich Gott oder Om nenne, uns unendlich liebt. Weder will es uns »bestrafen« noch will es uns wegen unserer Missetaten »eine Lektion erteilen«. Die wirkliche »Erklärung« für das Leid und die Sinnlosigkeit, die wir in dieser Welt so oft erleben, ist, glaube ich, viel tiefgreifender und viel einfacher.

Unsere Welt – diese materielle Welt – ist der Ort, an dem der Sinn verschleiert wird. Es ist leicht, ihn aus den Augen zu verlieren. Die gesamte materielle Realität besteht aus Atomen und Molekülen, und diese Moleküle und Atome sind wiederum aus subatomaren Teilchen gemacht, die sich ständig in die Existenz und aus ihr hinaus bewegen. Wohin »geht« ein Elektron, wenn es sich von einer inneren auf eine äußere Umlaufbahn eines Atoms bewegt oder umgekehrt? Wir wissen es nicht. Was wir allerdings wissen, ist, dass Materie nicht dauerhaft in der Existenz bleibt. Sie schiebt sich hinein und zieht sich wieder zurück. Aber obwohl sie sich so verhält, verschwindet sie nie wirklich ganz aus dem Bild – ist nie vollkommen abwesend. Wenn sie weg ist, wissen wir zwar nicht, wohin sie gegangen ist, aber wir wissen, dass sie zurückkommen wird.

Wenn Sie als Kind einmal bei einer Theateraufführung mitgespielt haben, haben Sie vielleicht auch einen dieser seltsamen Momente erlebt, in dem Sie sich, nachdem Sie sich völlig in Ihrer Figur verloren hatten, plötzlich wieder daran erinnerten, wo Sie waren. Sie haben Ihren Fuß bewegt, die Bodendielen knarrten – und zack haben Sie sich daran erinnert, dass dort draußen hinter den Lichtern eine ganze Schulaula war mit einem Publikum aus Menschen, die Sie kannten und die gekommen waren, um Sie spielen zu sehen und Ihnen alles Gute zu wünschen.

Unser Leben auf der Erde ähnelt dieser Situation ein wenig. Es gibt Augenblicke, wie sie von so vielen Menschen in diesem Buch beschrieben wurden, in denen wir eine Ahnung davon bekommen, wo wir wirklich stehen und wer wir wirklich sind.

Was sollten wir in solchen Momenten tun? Sollten wir erstarren, unseren Text vergessen und den Rest des Stücks nicht mehr durchstehen? Natürlich nicht. Aber für diejenigen von uns, die im Drama der irdischen Existenz mitspielen (und das sind wir hier auf der Erde alle), kann der Moment, in dem die Bodendielen knarren, von unschätzbarem Wert sein.

Wir müssen wieder lernen, diese Welt *im Licht des Himmels* zu sehen. Wir müssen zulassen, dass alles um uns herum sein Licht in der vollkommenen Individualität, Einzigartigkeit und Wertigkeit erstrahlen lässt, die jeder Spatz hat, jeder Grashalm und jede Person, die Sie kennen, weil sie alle multidimensionale kosmische Wesen sind, die sich genau hier und genau jetzt als physische Wesen manifestieren.

Wir sind gerade dabei, den bedeutendsten Sprung in der Geschichte des menschlichen Verständnisses zu vollziehen. In zweihundert Jahren wird die Weltsicht, die wir gegenwärtig haben, unseren Kindeskindern so begrenzt und naiv vorkommen, wie uns jetzt die Weltsicht eines mittelalterlichen Bauern erscheint.

Wir sind kurz davor, die andere Seite des Lebens neu zu entdecken, eine Seite, die ein sehr tiefgründiger, sehr verborgener Teil von uns zunächst nicht vergessen hat, die aber die meisten von uns für sich behalten, weil unsere Kultur uns dies vorschreibt.

Die Welt der subatomaren Physik ist nicht die Welt der Spiritualität. Aber wie das alte hermetische Dokument, die Smaragdtafel sagt: »Wie oben, so unten.« Die verschiedenen Elemente unseres Kosmos harmonieren miteinander. Was wir »hier unten« vorfinden, finden wir in einer anderen Form auch »dort oben«. Die Art und Weise, wie die Materie buchstäblich in der Existenz ein und aus geht, hat eine eigenartige Parallele zu der Art, wie der Sinn manchmal vollständig aus unserer Welt zu verschwinden scheint, um dann wieder zurückzukehren. Und wenn wir das wissen – wenn wir wissen, dass der Sinn immer da ist, selbst wenn er am meisten zu fehlen scheint –, dann kann Freude, die Art von Freude, von der Natalie Sudman in dem wunderbaren, oben zitierten Auszug aus ihrem Buch spricht, ein permanenter Unterton in unserem Leben werden, was immer auch geschieht.

Lieber Dr. Alexander,
meine Tochter Heather wurde 1969 mit schwerer Zerebralparese geboren. Sie lernte nie sitzen oder sprechen, obwohl sie zeigte, dass sie alles um sich herum wahrnahm. Sie lachte oft; oh, wie sie lachte. Die Ärzte hatten gesagt, sie würde wohl nicht älter als zwölf werden, aber sie starb mit zwanzig im Jahr 1989. Einen Tag nach ihrem Tod, als ich gerade den Rasen mähte, um mich von ihrem Tod abzulenken, war ich buchstäblich umringt von Monarch-Schmetterlingen, die aus dem Nichts zu kommen schienen. Ein Zeichen für spirituelles Leben? Ich weiß es nicht.

Schnellvorlauf nach 1995. Als ich abends im Bett lag, aber noch völlig wach war, fragte ich: »Wie kann es einen Gott geben, wenn er so etwas zulässt?« Sofort erschien eine leuchtende, ganz und gar weiße Figur auf der linken Seite des Raumes. Es war meine Tochter. Sie zeigte mit dem Finger auf mich und rief: »Nein, Papa, du irrst dich! Schau«, sagte sie und deutete auf die rechte Seite des Raumes. Eine schlingernde Wolke aus hellem, weißem Licht verschlang den Raum. Ich wusste sofort über ein paar Dinge Bescheid, ohne dass auch nur ein Wort gesprochen wurde. Es ist schwer zu beschreiben, wie euphorisch ich mich fühlte. Ich wusste jetzt, dass es ihr gut ging und dass sie ein Engel Gottes war. Ich wusste, dass für uns alle in Ordnung ist, was nach dem Tod auf uns wartet. Ich wusste, wie klein wir im Vergleich zu unserem Schöpfer sind und dass unsere Intelligenz lächerlich niedrig ist. Ich weiß, dass es wirklich war, und wenn mich jemand fragt: »Glaubst du an Gott?«, antworte ich: »Ich glaube nicht nur, ich weiß es ohne jeden Zweifel.«

Ich glaube nicht, dass es Gott gibt, ich weiß es.

Carl Gustav Jung, als er gegen Ende seines Lebens gefragt wurde, ob er an Gott glaube

»Alles wird gut sein«, schrieb die Einsiedlerin Juliana von Norwich im 14. Jahrhundert. »Alles wird gut sein« ist aber nicht dasselbe wie »alles ist bestens«. Es heißt nicht, dass die Welt ohne Schrecken und Leiden ist. Es bedeutet vielmehr, dass wir uns in dieser Welt zurechtfinden können, wenn wir uns an eins erinnern: dass unter ihrer offensichtlichen Bedeutungslosigkeit eine Welt voller Sinn und Bedeutung liegt, die unvorstellbar reich ist. Sinn und Bedeutung, die auch das Leid, das wir überall um uns herum sehen, vollständig umfassen und es, wenn wir in die jenseitige Welt zurückkehren, wieder einmal überwinden.

Über dem Eingang zum Haus von Carl Gustav Jung stand ein Zitat des niederländischen Theologen Erasmus von Rotterdam aus dem 15. Jahrhundert: *Vocatus atque non vocatus, Deus aderit* (»Gerufen oder nicht gerufen, Gott wird da sein«). In den Dimensionen jenseits von Zeit und Raum, wie wir sie hier erfahren, ist aller Kummer, sind alle Qualen und Verwirrungen dieses Lebens bereits geheilt.

Ich wünsche Ihnen viel Glück dabei, das zu verstehen. Es wird Ihnen nicht gelingen. Nicht vollständig. Nicht von der hiesigen Ebene aus. Aber Sie können einen kleinen Einblick bekommen. Und in der Tat bekommen wir die ganze Zeit solche Einblicke. Wir müssen uns einfach daran erinnern, dass wir dafür offen sein dürfen – zu wissen, was wir auf einer tieferen Ebene ohnehin schon wissen.

Meine Tochter Joan wurde von einem Auto überfahren und getötet, als sie sieben Jahre alt war. Sie und ich waren einander sehr nah gewesen, und ich war untröstlich. Sie war in ihrem Zimmer im Sarg aufgebahrt, und ich fiel neben dem Bett auf die Knie. Plötzlich hatte ich das Gefühl, als sei etwas ein wenig hinter mir so überwältigt von Mitgefühl, dass es sich verdichtete. Dann spürte ich eine Berührung auf meiner Schulter, die nur einen Moment dauerte. Da wusste ich, es gab eine andere Welt.[33]

Sinn und Bedeutung sind hier, immer. Aber es ist leicht, diese Tatsache aus den Augen zu verlieren – hier, wo wir sind, vielleicht leichter als irgendwo anders im Universum. Manchmal, oft wenn alles besonders finster aussieht, spricht die jenseitige Welt mit uns und bedient sich dabei der Sprache, der Symbole dieser Welt – manchmal so laut wie Donnerhall, manchmal auch so sanft wie das Krabbeln eines Käfers auf einer Fensterscheibe. Und damit kehrt unsere Freude am Leben zurück – eine Freude, die hier in unserem Innern sein kann, und zwar, wie Natalie Sudman sagt, trotz, nicht anstelle des Leids in der Welt.

7

Das Geschenk der Hoffnung

Die innere Welt hat ihre Wolken und ihren Regen, aber von anderer Art. Ihre Himmel und ihre Sonnen sind von anderer Art. Das zeigt sich aber nur den Geläuterten – denen, die sich von der scheinbaren Vollständigkeit der gewöhnlichen Welt nicht täuschen lassen.

Dschalal ad-Din Rumi, persischer Mystiker des 12. Jahrhunderts

Als menschliche Wesen sind wir Geschöpfe der Zeit. Wir leben in der Zeit wie Fische im Wasser und sind so in sie eingetaucht, dass wir es kaum merken, außer auf den eher oberflächlichen Ebenen, wo wir natürlich ihre Sklaven sind. Wir wissen zwar, wenn wir zu spät zu einem Meeting kommen, aber wir wissen nicht oder halten nicht inne, um wirklich zu begreifen, dass sich weder das Denken selbst ohne ein Zeitelement entfalten kann, noch die Sprache, noch menschliche Interaktion, noch irgendetwas anderes. Die Welt, wie wir sie jetzt erleben, ist aus Zeit in Kombination mit Raum gebaut. Die Gültigkeit dieser Wahrheit wird nicht durch die Tatsache geschmälert, dass sich die lineare Zeit aus Sicht der höheren Dimensionen als eine Illusion erweist, genau wie der alltägliche euklidische Raum auch.

Weil wir auf der Erde in der linearen Zeit leben und handeln, kommt uns eine Welt ohne Zukunft, auf die man sich freuen kann, schrecklich vor. Denken Sie zurück an die Zeit, als Sie ein Teenager waren – an jene Jahre, in denen es Ihnen schien, als passiere ständig etwas Neues. Wenn es Ihnen wie vielen Menschen geht, ist Ihnen vielleicht aufgefallen, dass diese neuen Erlebnisse ab einem bestimmten Zeitpunkt nicht mehr so oft und so schnell hintereinander auftreten. Vielleicht haben Sie dann gedacht, die Zeit des echten Wachstums und der wahren Veränderungen sei vorbei.

Vor meinem Nahtoderlebnis hatte ich selbst solche Gedanken. Der Reiz des Lebens war zwar nicht wirklich für mich verschwunden. Ich liebte meine Familie und meine Arbeit, und es lagen natürlich immer noch viele Herausforderungen und Abenteuer vor mir, auf die ich mich freute. Aber dennoch war etwas nicht mehr da: eine Art inneres Gefühl der Expansion, des wirklich Neuen, das schnell auf mich zukam. Ich würde lediglich viele weitere neue Erfahrungen machen, die nicht ganz so neu – überwältigend, elektrisierend neu – sein würden, wie sie es einmal waren. Ich kannte die Beschränkungen der Welt. Ich würde nie wieder zum ersten Mal in 8 500 Meter Höhe aus einer offenen Flugzeugtür springen. Ich würde nie mehr in der Weise spüren, wie mir das Neue entgegenrauscht. Kurz, ich hatte die Hoffnung verloren, denn das ist Hoffnung: das Gefühl, dass etwas wirklich Gutes und wirklich Neues auf dem Weg ist, und zwar genau jetzt.

Dann geschah doch etwas Neues.

Man könnte sagen, dass mein Leben wieder aufblühte. In zahllosen Gedichten steht, dass wir im Leben wie Blumen sind. Wie sie blühen wir auf, aber wir welken und sterben auch wie sie. Wir wachsen und blühen in der Jugend, erstrahlen einen kurzen, flüchtigen Moment in der Perfektion der

Schönheit der Jugend und des Lebens … und dann welken und sterben wir.

Oder? Blumen symbolisieren die offensichtliche Tragödie und Vergänglichkeit des Lebens, aber sie symbolisieren auch das, was hinter dieser scheinbaren Vergänglichkeit liegt. Alles im Leben hat eine himmlische Komponente, aber manche Dinge sind himmlischer als andere, allen voran die Blumen. Dante beendet die *Göttliche Komödie* mit einer Beschreibung des Empyreums, des höchsten Himmels in seiner Kosmologie, als weiße Rose. Buddha verglich das Bewusstsein mit dem Lotos, einer Wasserpflanze, die sich aus dem Schlamm am Grund eines Teiches erhebt und an der Wasseroberfläche auf wunderbare Weise rein und weiß erblüht. Die berühmteste Lehrrede Buddhas ist die, in der er nichts sagte, sondern nur eine Blume hochhielt.

Wir Menschen verwenden seit unserer Frühgeschichte Blumen, um besondere Momente zu feiern. Blumen sind am Anfang – bei einer Geburt oder einer Hochzeit – ebenso dabei wie am Ende – bei einer Beerdigung. Wir verwenden sie zu diesen zentralen Ereignissen, weil schon unsere Vorfahren wussten, dass es in solchen Momenten besonders wichtig ist, dass wir uns an die Realität der höheren Welten erinnern. Wie wir sind auch die Blumen in der Erde verwurzelt. Aber sie erinnern sich, woher sie kamen, und jeden Tag folgen sie dem Lauf der Sonne am Himmel. Ihr immer neues Aufblühen ist vielleicht das perfekteste irdische Symbol für die Ganzheit, nach der wir uns alle sehnen, die jedoch nur in den Dimensionen jenseits von dieser Welt vollständig verwirklicht werden kann.

Lieber Dr. Alexander,

im Oktober 2007 wurde bei meinem damals achtzehn-
jährigen Sohn Ben ein Gehirntumor diagnostiziert.
Er starb fünf Monate später. Ich schreibe Ihnen dies, weil
er in seinen letzten drei Tagen hier … ins Koma fiel.
Als Mutter zusehen zu müssen, wie der eigene Sohn stirbt,
war zweifelsohne die qualvollste Erfahrung von allen
auf meiner Reise hier … Wir pflegten Ben zu Hause.
Sein Krankenhausbett stand in unserem Elternschlaf-
zimmer … Es war immer jemand da, der ihn halten
konnte, auch kurz bevor er ins Koma fiel. Das war die
Übereinkunft. Er sollte nie allein sein, also wechselten
wir – mein Bruder und meine Schwester, meine Tochter,
mein Mann und ich – uns die ganze Nacht lang ab.
Immer lag jemand direkt neben ihm und hielt ihn fest.

In der ersten Nacht hatte ich einen Traum – sehr
lebendig, kein Traumzustand, sondern ein Erlebnis. Bevor
ich wegdämmerte, umklammerte ich Ben und schrie nach
Gott. Ich war so verzweifelt und wütend und verwirrt. Nun,
in diesem Traum oder vielmehr Erlebnis wurde ich schnell
in einen dunklen, aber luftigen Himmel aufgenommen.
Alles war ganz ruhig, und das Einzige, was ich spürte, war
Liebe. Es war frisch und klar, sehr real. Ich wusste, ich war
bei Gott … Ich schaute mich um und sah Erdstücke, kleine
Erdflecken, die um mich herum nach unten fielen, und
fragte: »Was bedeutet das?« Und in meinem Geist hörte
oder wusste ich, dass dies genau jetzt mit Ben passierte: sein
irdischer Körper wurde weniger … Im Nu saß ich aufrecht
im Bett. Und ich wusste, dass er bereits im himmlischen
Reich war. Er starb zwei Tage später.

Das entscheidende menschliche Problem – der Verlust des Neuen und der Hoffnung – wurde für mich in den Welten über dieser gelöst. Welten, die in ihren frühen Stadien voll mit den von der Erde her vertrauten Dingen sind, nur reichhaltiger und seltsam verändert – seltsam neu. Als ich die Blumen betrachtete, die ich in der jenseitigen Welt sah, hatte ich den Eindruck, dass sie immer und immer wieder aufblühten. Wie können Blumen, die aufblühen und welken, permanent in Blüte stehen? Auf dieser Ebene können sie es nicht, denn hier leben wir ganz in der linearen Zeit oder in der Illusion einer solchen Zeit. Hier blühen die Blumen und sterben dann, genau wie wir Menschen geboren werden, alt werden und sterben. Daher gibt es ganze Bibliotheken voller Romane und Gedichtbände über die Traurigkeit des Lebens – darüber, wie wir jung und stark und frisch anfangen, leben und vielleicht ein paar Lektionen lernen, aber sterben, ohne viel mehr tun zu können, als unseren Kindern ein paar Hinweise zu geben, damit sie das alles selbst durchmachen können.

Was für eine Tragödie!

Und es ist in der Tat eine, wenn wir unseren Blick nur auf diese Welt beschränken und das Wachstum und die Veränderung, die wir hier erleben, nicht als das erkennen, was sie wirklich sind: nur ein Kapitel einer viel längeren Geschichte. Unsere Kultur ist dem Jugendwahn verfallen, weshalb wir nicht mehr über das alte Wissen verfügen, dass das Wachstum niemals aufhört. Wir sind keine kurzlebigen Fehler des Kosmos, keine Kuriositäten der Evolution, die wie Eintagsfliegen schlüpfen, ausschwärmen und dann wieder verschwinden. Wir sind Akteure, die hier bleiben sollen, und als das Universum entstand, wurden wir mit berücksichtigt. Mit unserer tiefen Liebe und unseren erhabenen Bestrebungen sind wir sein Spiegel, genau wie es unser Spiegel ist. »Wie oben, so unten.«

Wenn wir nach einer individuellen Lebenszeit in die jenseitigen Welten zurückkehren, passiert etwas, das auch in der Literatur über Nahtoderlebnisse häufig erwähnt wird. Menschen sprechen von denen, die sie »begrüßen«, von Menschen, die sie in ihrem Leben gekannt haben und die nun da sind und sie willkommen heißen. Es ist immer und immer wieder das Gleiche. »Papa war da, aber es war nicht so wie damals, als er krank war. Er war jung, und es ging ihm wieder gut.« »Ich habe Großmutter gesehen, aber sie war jung.«

Wie kann das sein? Wenn wir diesen Körper zurücklassen, in dem wir gelebt und gelernt haben, verschwinden wir nicht direkt in diese höchsten Regionen, über die wir nicht einmal ansatzweise sprechen können, solange wir hier sind. Wir gehen dorthin, wo auch ich bei meinem eigenen Nahtoderlebnis hingegangen bin. Es ist ein »Ort« (nicht ein Ort im physischen Universum, aber mittlerweile haben wir uns ja an Paradoxe gewöhnt), an dem wir das gesamte Leben, das wir hier unten linear gelebt haben, noch einmal aufnehmen, und zwar in seiner Gesamtheit. Und das lässt die jeweilige Person in ihren besten Eigenschaften erstrahlen. Wenn eine Person sehr lange gelebt hat, erscheint sie körperlich vielleicht in ihrer ganzen jugendlichen Schönheit, aber gleichzeitig mit der Weisheit ihrer späteren Jahre. In der Welt über dieser sind wir multidimensionale Wesen – Wesen, die das Beste von dem, was sie hier auf der

Erde waren, *gleichzeitig* verkörpern. Denken Sie, wenn Sie ein erwachsenes Kind haben, einmal an all die verschiedenen Wesen, die es im Laufe der Jahre gewesen ist: das Baby, das im Krankenhaus zum ersten Mal die Augen aufgeschlagen hat; der Fünfjährige, der seine ersten Runden auf dem neuen Fahrrad gedreht hat; der Teenager, der plötzlich eine Nachdenklichkeit und Tiefe an den Tag gelegt hat, wie Sie sie noch nie zuvor erlebt haben.

Welches von ihnen ist Ihr wahres Kind? Natürlich kennen Sie die Antwort: Alle.

Das Leben in der linearen Zeit – in der Erdzeit – ermöglicht Wachstum genau deshalb, weil es Umwege macht und auf Straßensperren trifft. Die Zeit des Himmels – die Zeitdimension, in die wir eingehen, wenn wir diesen Körper verlassen – ermöglicht den vollen Ausdruck jenes Selbst, an dessen Entwicklung wir auf diesen Umwegen und an diesen Straßensperren so hart gearbeitet haben – hier in den Fesseln der linearen Zeitlichkeit. Nicht durch »Leiden, weil es gut für uns ist« oder durch Abtragen eines früheren Karmas, sondern indem wir uns direkt mit der unerträglichen Undurchsichtigkeit und Beschränktheit, die diese Welt bestimmen, auseinandersetzen. Eine der zentralen Einsichten aller Glaubensrichtungen der Welt besteht darin, dass es auf der Welt kein Leiden gibt, an dem Gott nicht vollständig beteiligt wäre, und dass er sogar unendlich viel mehr leidet als wir, weil er sich unsere Verwirklichung und Erfüllung wünscht und das Leiden auf irgendeine Weise ein Nebenprodukt dieser überwältigenden zukünftigen Erfüllung ist. Die »nicht gelebten Linien«, die der Dichter Rainer Maria Rilke in den Gesichtern der Menschen sah, die auf der Straße an ihm vorbeigingen – diese Linien der Möglichkeiten und des Wachstums, die hier unten so grauenhaft blockiert und gebrochen werden – werden in der Welt über dieser eine Chance haben, erfüllt zu werden.

Einer der ältesten Witze, die über das Überleben des körperlichen Todes gemacht werden, ist, dass es öde wäre, ewig zu leben. Das Klischee, das damit in Verbindung gebracht wird, ist das einer Gruppe gelangweilter Menschen, die auf ein paar Wolken sitzen und absolut nichts zu tun haben. Unten in der Hölle, stellt man sich vor, haben zumindest die Teufel ein bisschen Spaß.

Ich liebe dieses Klischee, weil es genau auf den Punkt bringt, was die Welten jenseits von dieser *nicht* sind. Wenn es ein Wort gibt, das jene Welten beschreibt, dann ist es Bewegung. Dort steht nichts auch nur einen Moment lang still. Auf der Erde ist man entweder auf dem Weg nach irgendwo oder man verharrt. In den Welten jenseits von dieser vereinigen sich Bewegung und Ankommen. Die Freude am Reisen und die Freude am Ankommen treffen und verbinden sich.

Das ist nicht wirklich so unfassbar, wie es sich anhört, wenn Sie daran denken, dass die Physik mittlerweile zweifelsfrei zeigen konnte, dass die angeblich feste physische Welt, die Sie und ich in diesem Moment bewohnen, in Wirklichkeit hauptsächlich aus leerem Raum besteht und dass die unendlich kleine Menge an Materie darin selbst nur eine besonders dichte Konfiguration aus Energiesträngen ist, die in einer höherdimensionalen Raumzeit schwingen. Aber das ist immer noch schwer zu verstehen, weil Sinn und Bedeutung hier unten verborgen bleiben. Sie verbergen sich sehr viel weniger, je höher wir in den jenseitigen Welten kommen. Dort werden Dinge sofort zu allen möglichen anderen Dingen, sodass wir, wenn wir sie in der zweidimensionalen Sprache der Erde beschreiben, sofort Gefahr laufen, in unsinniges Geschwätz zu verfallen.

Als ich nach unten schaute, während ich auf dem Schmetterlingsflügel saß, der symbolisch und doch real war, mit dieser jungen Frau, die ebenfalls symbolisch und doch real war, sah ich nicht nur Blumen, die immer und immer wieder neu erblühten, sondern auch Menschen. Und sie machten etwas, was der Aktivität der ständig neu erblühenden Blumen vergleichbar war: Sie tanzten.

Wie Musik ist auch der Tanz eine uralte Aktivität. Seine Ursprünge reichen sehr weit zurück bis zum Beginn des menschlichen Lebens auf diesem Planeten. Und wie jede wichtige menschliche Aktivität spiegelt auch das Tanzen die grundlegende kosmische Realität wider – die Realität der höheren Welten, aus denen wir kommen. Wenn Menschen tanzen, handeln sie aus dem Teil ihrer selbst heraus, der weiß und sich erinnert, woher er kommt und wohin er geht. Der weiß, dass diese Welt nicht das Ende ist. Deswegen tanzen Menschen bei Hochzeiten, dieser irdischen Zeremonie, in der die Verbindung von zwei Menschen die größere Verbindung von Himmel und Erde heraufbeschwört. Wenn die Blume vielleicht das himmlischste Objekt ist, das wir hier auf der Erde haben, ist Tanzen möglicherweise die himmlischste Aktivität. Und beide verweisen auf dieselbe Wahrheit: dass das größere Leben, auf das wir hoffen, real ist.

Tanzen ist wie Singen oder Musik an die Zeit gebunden.

Ohne Zeit gibt es keinen Tanz und auch keine Musik. In der Welt, die ich während meines Komas betreten hatte, gab es Musik und Tanz. Also wieder war Zeit im Spiel – beziehungsweise die *tiefe Zeit* jener Welten. Es war *eine üppigere, weitläufigere Zeit*, als wir sie hier auf der Erde erleben.

Der christliche Philosoph Thomas von Aquin hatte ein Wort für diese Zeit über der Zeit, mit der ich in Berührung gekommen bin. Er nannte sie *aevum* – die Zeit der Engel. Er war nicht der Ansicht, dass sie ein abstrakter Zustand ist, sondern vielmehr ein sehr realer und sehr aktiver. Dies ist eine Art von Zeit, in der die Blumen immer und immer wieder blühen. Und wo die Musik und der Tanz nie aufhören.

In den Mythen und Legenden indigener Völker auf der ganzen Welt, vom australischen Outback bis zu den Regenwäldern Brasiliens, werden Länder jenseits des Todes beschrieben, wo das Tanzen und andere menschliche Aktivitäten, die wir hier auf der Erde kennen, für immer fortgesetzt werden. Die australischen Aborigines nennen diesen Ort die Traumzeit und behaupten, dass dies der Zustand ist, aus dem die Menschen kamen und zu dem sie nach dem Tod zurückkehren werden. Ich vermute, dass es sich bei all diesen Orten um ein und denselben handelt. Schamanen besuchen ihn seit mindestens 30 000 Jahren, genau wie Menschen, die ein Nahtoderlebnis haben oder die eine außerkörperliche Erfahrung machen. Es ist der Ort, von dem wir alle gekommen sind und zu dem wir alle zurückkehren werden, zeitweilig, wenn unsere individuelle Lebensreise endet, und dauerhaft, wenn sich dieser Schöpfungskreislauf seinem Ende zuneigt.

Wenn er überhaupt jemals endet. Die Hindus glauben nämlich, dass die Welten für immer entstehen und vergehen, wobei jeder neue Schöpfungskreislauf ein Atemzug des Gottes Brahma ist. Wenn Brahma ausatmet, beginnt ein neuer Zyklus. Wenn er einatmet, kehrt alles dorthin zurück, von wo es ausgegangen ist. Diejenigen, die an Reinkarnation glauben (die wissenschaftlichen Beweise dafür, dass sich Kinder an frühere Leben erinnern, sind überwältigend), könnten diesen Prozess sicherlich als etwas sehen, das über ein einzelnes Leben hinausgeht. Diesem Szenario zufolge bilden alle Phasen des »Ichs« (Kind, Teenager, Erwachsener), die ein Leben ausmachen, eine Teilmenge des noch größeren »Ichs«, das von Lebenszeit zu Lebenszeit wandert, sich immer und immer wieder verkörpert und mit dem Universum wächst und sich weiterentwickelt. Dieses »Ich« enthält am Ende der Reise durch die Inkarnationen sämtliche Identitäten, die Sie hier unten auf der Erde jemals hatten, und alle Identitäten, die Sie zu den Zeiten, über die man nichts weiß, jemals hatten. Wie der Psychologe Christopher Bache in seinem Buch *Dark Night, Early Dawn* schreibt: »Jetzt sehen wir, dass unsere unverwechselbare Art, das Leben zu erfahren, unsere bemerkenswerte Individualität, aus einem Meer der Zeit hervorgegangen ist, so gewaltig, dass es fast nicht messbar ist, und dass sie sich sogar noch weiterentwickeln kann. Der Tod ist nur eine Pause, welche die Jahreszeiten unseres Lebens deutlich macht, nichts weiter. Diese Einsicht führt uns über die Schwelle eines neuen Verständnisses der menschlichen Existenz.«[34] Genau wie unser Leben eine Reise ist, die all die verschiedenen Menschen einschließt, zu denen wir werden, während wir uns in diesem Leben von der Kindheit über das Erwachsensein bis ins Greisenalter bewegen, gibt es eine größere, kosmische Reise, auf der sich jeder von uns befindet und in deren Verlauf wir sehr viel radikaler wachsen und uns verändern als während dieses einzelnen Erdenlebens. Doch das Herzstück dieser Reise ist ein einzelnes reisendes Wesen, das am Ende des kosmischen Kreislaufs in der Lage sein wird, sich zu erinnern – an all die Gestalten, all die Freuden und Sorgen und all die überwältigenden Abenteuer auf dem Weg von Leben zu Leben.

Dieser Zustand ist so weit oben, so weit weg, so sehr jenseits von allem, was wir von hier, wo wir sind, begreifen können, dass ich das Gefühl habe, dass ich eine Grenze überschreite, wenn ich auch nur den Versuch unternehme, ihn zu beschreiben. Es war schwer genug zu beschreiben, wie der Himmel auf seinen uns näheren Ebenen ist. Aber es genügt, um eine vage Vorstellung von dieser Zukunft zu bekommen, die noch in weiter Ferne liegt und die wir doch auch schon hier und jetzt bei uns haben. Nun, da ich weiß, dass es in Dimensionen über dieser auch noch andere Gewässer, andere Himmel und andere erdähnliche Landschaften gibt mit blühenden Wiesen, tosenden Wasserfällen und friedlichen Feldern, belebt von Tieren und Menschen, und dass jede dieser Welten schöner und feiner und durchscheinender ist als die davor, liebe und schätze ich ihre irdischen Gegenstücke umso mehr. Warum? Weil ich jetzt sehe, wo diese irdischen Phänomene herkommen – von der höheren Realität, auf die sie sich leicht und natürlich auf die »Wie oben, so unten«-Weise beziehen, da alle Erscheinungen der höheren Welten mit jenen in dieser Welt verbunden sind. Und vor allem, weil ich weiß, dass das, was all diese Welten vereint, wie weit wir uns auch voneinander entfernen, die Liebe ist.

Von Zeit zu Zeit habe ich diese wunderbaren Ekstasen noch einmal erlebt, immer zu völlig unerwarteten Zeiten, manchmal beim Geschirrspülen oder beim Erledigen der täglichen Aufgaben im Haushalt. Da war immer ein Gefühl, das mich weinen ließ vor Freude und das tiefe Ehrfurcht, Andacht und Liebe in mir auslöste. Ich denke, es lässt sich am besten als eine Art Heimweh beschreiben, als »Nostalgie nach einem anderen Wo«, fast als hätte ich eine Existenz von so viel Schönheit und unbeschreiblichem Glück bereits kennengelernt und sei nun wieder voller Sehnsucht und Heimweh danach … Selbst wenn scheinbar alles zusammenbricht und die Probleme sich häufen und ich denke, der Zweifel sei die einzige Gewissheit, und ich tiefste Verzweiflung empfinde, wie wir sie alle einmal erleben; selbst dann hält mich diese Sehnsucht nach etwas, das ich irgendwo schon hatte, am Leben und bringt mich da durch. Könnte das eine sich selbst erklärende Art der Wahrheit sein? Oder kann man Heimweh nach etwas haben, das man nie kennengelernt hat.[35]

Während man in den Ebenen der Welten über dieser aufsteigt, werden die Landschaften immer weniger überfüllt, immer weniger dicht besiedelt mit vertrauten Dingen, aber gleichzeitig umso vertrauter. Es ist nur eine andere Art von Vertrautheit, die man in diesen höheren Welten empfindet –

eine anspruchsvollere, weil die Realitäten, mit denen Sie hier wieder in Kontakt kommen, längere Zeit weiter von Ihnen entfernt waren als die unteren. Doch gleichzeitig werden Sie von diesen höheren Realitäten tief berührt, denn je höher Sie in diesen Welten aufsteigen, desto tiefer liegt der Teil von Ihnen, der angesprochen wird. In unserem Zentrum, tief unter der Oberfläche der Persönlichkeit, die wir im Laufe dieses Lebens aufgebaut haben, liegt ein Teil von uns, der so zentral, so zeitlos und so grundlegend ist, dass sich Mystiker jahrhundertelang darüber uneins waren, ob dies der Ort ist, an dem wir Gott begegnen, oder ob dieser Teil von uns Gott selbst ist. Soweit ich es verstanden habe, setzen östliche Religionen diesen tiefsten und zentralsten Teil von uns direkt mit dem Göttlichen gleich, während westliche Religionen eher zwischen der individuellen Seele oder dem Selbst und Gott unterscheiden. Ich vertrete die Auffassung, dass wir respektieren sollten, was uns die großen Weisen *all* dieser Traditionen zu sagen haben. Außerdem sollten wir uns stets vor Augen halten, dass wir, wenn wir in der Alltagssprache über diese Reiche sprechen und versuchen, sie auszuloten und zu verstehen, mehr oder weniger wie Kinder sind, die über Dinge sprechen, die sie noch nicht verstehen können, weil sie viel zu jung dafür sind.

Aber was wir von unserem Standpunkt aus verstehen *können,* sei es abstrakt oder unmittelbar, ist Folgendes: Je höher wir in die geistigen Welten aufsteigen, desto tiefer gehen wir auch in unser Selbst. Und am Ende entdecken wir, dass nicht nur wir viel riesiger sind, als wir es uns je vorgestellt haben, sondern auch das Universum, mit dem wir vollständig, wunderbar und untrennbar verbunden sind.

Wenn die Mystiker sagen, dass die irdischen Objekte nicht »real« sind, dass sie keine tiefere Wesenhaftigkeit besitzen, ist dies nicht etwa eine Herabsetzung der Objekte, sondern sie *ehren* sie in gewisser Weise, indem sie darauf hinweisen, wo sie wirklich herkommen. Die physikalische Materie ist ein Kind der geistigen Reiche. Jede Realität, die diese Welt hat, verdankt sie den höheren Welten. Aber weil alle Welten einander symbolisieren und miteinander verbunden sind, haben auch die Objekte um uns herum – selbst die vergänglichsten und kurzlebigsten – einen Anspruch auf Realität, denn diese Welt, so niedrig sie auch sein mag, steht mit jenen höheren Welten in Verbindung. Also ist nichts hier unten verwaist – und ein lebendiges Wesen schon gar nicht. Nichts ist für immer ganz verloren.

Laotse, der Begründer des Taoismus, sagte, das Tao sei wie ein großer Uterus, der alles hervorbringe und doch nichts enthalte. Buddha beschrieb die wahre Realität als Leere – eine Leere, die gleichzeitig alles andere als leer sei, sondern vielmehr unfassbar voll. Diese Männer haben die höheren Regionen der Himmel beschrieben. Daher wirken ihre Aussagen in höchstem Maße paradox, denn je höher wir aufsteigen, desto paradoxer wird alles.

So schwer diese Zusammenhänge von unserem Standpunkt aus auch zu begreifen sind und so unterschiedlich die Landkarten der geistigen Reiche, die von den Weltreligionen angefertigt wurden, manchmal auch erscheinen mögen, verstehe ich allmählich, dass all diese Traditionen im Kern übereinstimmen. Als Wissenschaftler, der einen Einblick in die geistige Welt bekommen hat, glaube ich, dass sie einfach übereinstimmen *müssen*. Denn wie die zahlreichen Wege, die zum Gipfel eines einzigen Berges führen, beginnen und enden alle Welten an einem einzigen Ort: in jenem Mittelpunkt der Mittelpunkte, auf jenem Gipfel der Gipfel und in jenem Herz der Herzen, wie ich es nenne, wohl wissend, dass das Wort ihm nicht gerecht wird – dem Göttlichen.

Lieber Dr. Alexander,
ich habe etwas erlebt, wovon ich noch nie zuvor und auch nie danach gehört habe.

Ein paar Hintergrundinformationen … Mein Vater, der Kriegsgefangener in Korea gewesen war, lag wegen einer schweren Lungenentzündung im Hospiz des VA im Sterben. Gerade als wir dachten, es sei vorbei, begann er tief, absichtsvoll und laut zu atmen und hielt dies mehr als 24 Stunden durch. Die Schwestern erzählten uns, dass Kriegsveteranen eine andere Sterbeerfahrung machen als andere, und zwar wegen ihrer Kampfausbildung und der Art, wie sie darauf programmiert werden, nie aufzugeben.

Wir standen uns sehr nahe. An einem bestimmten Punkt wusste ich einfach, dass es das Ende war, und ich nahm automatisch seine linke Hand. Dann legte ich meine gespreizte rechte Hand so auf ihn, dass ich seine Halsschlagader und Brust spüren konnte, als sein Herzschlag und seine Atmung aussetzten. Ich schloss meine Augen, um zu beten, als ich ziemlich abrupt in etwas geworfen wurde, was ich nur als Mischung aus einem Film und einem Traum bezeichnen kann, die allerdings extrem lebendig war. Ich schwebte über ihm vor und zurück, ähnlich wie ein Kameramann – zwar da, aber nicht beteiligt.

Er klammerte sich an ein paar Felsen am Ufer eines schnell fließenden Stromes fest und war eindeutig erschöpft und verängstigt. Plötzlich wurde unser beider Aufmerksamkeit von einem gelblich weißen Glühen über der Mitte des Flusses angezogen. Es beleuchtete ein weißes Kanu mit einem roten Paddel, das bewegungslos auf dem schnell fließenden Wasser lag. Mit einer Art Schrei ließ mein Papa die Felsen los, schwamm eilig zu dem Kanu und bestieg es als der fitte Mann, der er in seinen Zwanzigern oder Dreißigern gewesen war. Ich zoomte ihn heran und landete direkt hinter seinem Kopf. Er begann kräftig zu paddeln und schaute nur einmal zu mir zurück, und zwar mit einem Blick, der nur als Freude auf seinem Gesicht beschrieben werden kann. Er war so weit jenseits dessen, was ich beschreiben kann, dass mich seine Kraft und seine Ausstrahlung immer noch überwältigen können.

Es dauerte nur einen Moment. Dann drehte er sich wieder weg und paddelte voller Enthusiasmus weiter. Er bog um eine Kurve, verschwand hinter ein paar Bäumen, und ich blieb zurück. Und ich dachte, das war's dann wohl. Doch plötzlich wurde ich auf die Spitze eines Baumes in einiger Entfernung zu meiner Linken katapultiert, als sei ich an einem Gummiband befestigt. Dort unten, an einer Art U-förmigem Dock, stand eine Menschenmenge, die mich nicht sah. Die Gesichter waren alle verschwommen, aber ich erkannte Familienmitglieder und alte Freunde von ihm an ihrem Körperbau. Mein Papa kam von rechts ins Bild gepaddelt. Und kaum dass sie ihn zu Gesicht bekamen, riefen die Menschen in der

Menge seinen Namen und bedachten ihn mit Willkommensrufen. Er schien außer sich vor Freude, grinste und wirkte zunächst fast ein wenig benommen. Dann sprang er aus dem Kanu, wobei er das Paddel in einer Art Siegergeste erhob, und verschwand in den Umarmungen und im Schulterklopfen der Menge ...

Rums, saß ich wieder an seinem Bett. In dem Moment, in dem ich meine Augen öffnete, spürte ich seinen letzten Pulsschlag und Atemzug. Es ist in meinem Kopf heute immer noch genauso lebendig wie an dem Tag vor fast vier Jahren, als es passierte. Ich kann mich an jedes Detail erinnern, von der Kleidung, die er trug, über die Baumarten bis hin zu den Namen der Leute, die dort vorn auf ihn warteten. Und ich sehe immer noch die Erschöpfung und die Angst in seinem Gesicht, während er sich festhielt, und wie sein Gesicht erstrahlte, als er mir dieses letzte Lächeln schenkte. Ich hatte das Gefühl, dass er mir erlaubte, ihn ein Stück zu begleiten auf dem Weg in sein Leben nach dem Tod. Ich war zwar ein Beobachter und kein Teilnehmer, aber dieses Erlebnis war dennoch transformierend und ein Geschenk von meinem Papa, für das ich mich nie revanchieren konnte. Ich kann tatsächlich spüren, wie ICH glühe, und ich werde immer sehr emotional, wenn ich diese Geschichte erzähle.

Noch einmal, ich habe noch nie irgendwelche Geschichten wie diese gehört, aber natürlich ändert das nichts für mich. Es war das Erstaunlichste und Unerwartetste, das ich jemals erlebt habe, und eines der wertvollsten Geschenke, die ich jemals bekommen habe.

Sei allem Abschied voran …

Rainer Maria Rilke[36]

Die Menschen, mit denen wir es zu all unseren Lebzeiten zu tun hatten, kommen eines Tages in einem Wesen zusammen, das alle Wesen, die wir in diesem kosmischen Zyklus jemals waren, in sich vereint. Und dieses Wesen wird immer weiter wachsen, bis es schließlich zu dem gottähnlichen Wesen wird, das zu werden jedem von uns bestimmt ist. An jenem Endpunkt werden wir alle im Himmel sein als Teile des Körpers Gottes.

Die ausdauernd blühenden Blumen, die ich sah und die ganz Bewegung waren und doch gleichzeitig ganz Stille, vermittelten mir meine stärkste Ahnung davon, was wir selbst sind, während wir uns auf jenen Punkt der unermesslichen Perfektion zubewegen, der uns aus einem Blickwinkel gesehen »voran« ist, der paradoxerweise aber zugleich auch genau hier jetzt ist.

Folgenden Bericht schrieb die Frau des Filmkritikers Roger Ebert über seine letzten Tage, bevor er einem Krebsleiden erlag:

Am 4. April war er [Ebert] wieder stabil genug, sodass ich ihn nach Hause holen konnte. Meine Tochter und ich gingen ihn abholen. Als wir dort ankamen, halfen ihm die Schwestern gerade beim Anziehen. Er saß auf seinem Bett und wirkte wirklich glücklich, nach Hause gehen zu können. Er lächelte. Er saß da fast wie Buddha, und dann ließ er einfach den Kopf auf die Brust fallen. Wir dachten, er meditiere, denke vielleicht über seine Erlebnisse nach, sei vielleicht dankbar, wieder nach Hause gehen zu können. Ich weiß gar nicht mehr, wer zuerst etwas gemerkt hat, wer seinen Puls überprüft hat ... Am Anfang bin ich natürlich völlig durchgedreht. Es ging um irgendeinen Code, und sie brachten Maschinen herein. Ich war fassungslos. Aber als wir merkten, dass er von dieser Welt in die nächste überging, wurden wir alle einfach ganz ruhig. Sie schalteten die Maschinen ab, und der Raum war plötzlich so friedlich. Ich legte Musik auf, die er sehr mochte: Dave Brubeck. Wir saßen einfach zusammen auf dem Bett, und ich flüsterte ihm etwas ins Ohr. Ich wollte ihn nicht verlassen. Ich saß stundenlang bei ihm und hielt einfach nur seine Hand.

Roger sah schön aus. Er sah wirklich wunderschön aus. Ich weiß nicht, wie ich es beschreiben soll, aber er wirkte völlig friedlich und so jung.

Eins könnte die Leute überraschen: Roger hat gesagt, er wisse nicht, ob er an Gott glauben könne. Er hatte seine Zweifel. Aber als es auf das Ende zuging, geschah etwas wirklich Interessantes. In der Woche, bevor Roger starb, besuchte ich ihn, und er sagte, er habe jenen anderen Ort besucht. Ich dachte, er halluziniere. Ich dachte, sie hätten ihm zu viele Medikamente gegeben. Aber am Tag, bevor er starb, schrieb er mir folgende Notiz: »Dies ist alles ein ausgeklügelter Schwindel.« Ich fragte: »Was ist ein Schwindel?« Und er sprach über diese Welt, diesen Ort. Er sagte, dies sei alles eine Illusion. Ich dachte, er sei einfach verwirrt. Aber er war nicht verwirrt. Er hatte *nicht den Himmel besucht, jedenfalls nicht das, was wir uns unter dem Himmel vorstellen. Er beschrieb ihn als eine Weite, die man sich nicht einmal vorstellen kann. Es sei ein Ort, wo Vergangenheit, Gegenwart und Zukunft auf einmal stattfänden.*

Es ist schwer in Worte zu fassen. Ich liebte ihn einfach. Ich liebte ihn so sehr, ich dachte, glaube ich, er wäre unbesiegbar. Um die Wahrheit zu sagen, ich warte immer noch darauf, dass sich die Dinge entwickeln. Ich habe das Gefühl, dass wir noch nicht am Ende sind. Roger ist noch nicht am Ende. Für mich war Roger magisch. Er war einfach magisch. Und ich spüre diese Magie immer noch. Ich spreche mit ihm, und er antwortet mir.[37]

Es ist faszinierend und für mich immer tief bewegend, wie Menschen, die kurz davor sind, diese Welt zu verlassen – oft nach langem und schrecklichem Leiden –, plötzlich einen flüchtigen Einblick bekommen, wohin sie gehen und wo sie die ganze Zeit, die sie hier verbracht haben, wirklich waren. Ebert, ein Mann, der seinen Lebensunterhalt mit Worten bestritten hatte, schrieb seiner Frau ein paar Worte und gab ihr damit etwas, wovon ich sicher bin, dass es das wertvollste Geschenk war, das er ihr hinterlassen konnte: die Wahrheit über diese Welt.

Ebert hat recht. Diese Welt *ist* eine Illusion – ein Schwindel. Sie ist nicht real. Und doch ist sie natürlich gleichzeitig *sehr wohl* real und wunderbar und verdient unsere tief empfundene Liebe und Aufmerksamkeit. Wir dürfen nur nicht vergessen, dass sie nicht alles ist, was es gibt.

Die ganze Welt ist eine Bühne
Und alle Männer und Frauen bloße Spieler.

William Shakespeare

Der Schriftsteller Aldous Huxley starb 1963 nach einem langen und leidvollen Kampf gegen den Krebs. Seinen letzten Essay (über Shakespeare, im Auftrag einer Zeitschrift) widmete er seiner Frau, und zwar ein paar Tage vor seinem Tod. In diesem Essay schrieb Huxley etwas, das dem bemerkenswert ähnlich ist, was Ebert an seine Frau geschrieben hat.

»Diese Welt ist eine Illusion«, schrieb Huxley. »Aber sie ist eine Illusion, die wir ernst nehmen müssen, weil sie soweit real ist.« Wir müssen, so Huxley, »eine Möglichkeit finden, in dieser Welt zu sein, während wir nicht in ihr sind.« Denn in Wirklichkeit seien wir zunächst einmal nie voll und ganz hier. Wir kämen von woanders her, und es sei uns bestimmt, dorthin zurückzukehren.

Wenn wir die Meinung vertreten, dass wir Gehirn und Körper sind und sonst nichts, verlieren wir die Fähigkeit, echte Protagonisten zu sein – wahre Helden. Und wie Joseph Campbell immer und immer wieder betonte, sind wir alle Helden. Das Wort *Protagonist* kommt zum Teil von dem griechischen Wort *agon,* das »Kampf« bedeutet. Das Wort *Agonie* kommt natürlich auch daher, und es ist schwer zu leugnen, dass das Leben ein qualvoller Kampf ist – für einige Menschen meistens, für andere manchmal. Aber es ist ein Kampf, der irgendwohin führt.

Als der Kampf (*agon*) dieses irdischen Lebens für ihn vollendet war, verschied Huxley und ließ genau wie Ebert die eine Information zurück, an die wir uns auf dieser Ebene erinnern müssen: Diese Welt ist nicht alles. Es gibt eine größere, von der diese scheinbar in sich abgeschlossene Welt nur ein winziger Ausschnitt ist. Jene größere Welt wird von Liebe regiert, und wir sind alle auf dem Weg dorthin, auf dem Weg nach Hause. Wir sollten also nie verzweifeln.

Denn was wir verloren haben, können wir zurückbekommen.

Das Ende unserer Reise, der Ort, wo wir alle hingehen, ist kein Ort, der mit Worten beschrieben werden kann. Nicht vollständig. »Das Gegenteil einer richtigen Behauptung«, sagte der Physiker Niels Bohr, »ist eine falsche Behauptung. Aber das Gegenteil einer tiefen Wahrheit kann wieder eine tiefe Wahrheit sein.«[38] Damit sagt Bohr, dass die Dinge, wenn man nur tief genug geht, nicht mehr nach einem logischen *Entweder-oder-Prinzip* funktionieren. Sie funktionieren nach dem *Sowohl-als-auch-Prinzip*. Ein Teilchen ist ein Teilchen *und* eine Welle. Etwas ist wahr, *und* sein Gegenteil ist auch wahr. Wir sind ganz eins mit unserem Schöpfer, *und* wir sind eigenständige Wesen. Wir sind eins mit dem Universum *und* Individuen. Die Zeit vergeht *und* steht still. Ein Teilchen ist auf einer Seite des Universums, und doch ist es in genau demselben Moment auch auf der anderen Seite. Aber weil die Welten in Wirklichkeit alle eine Welt sind, können wir die Worte und Symbole dieser Erde verwenden, um zu *versuchen,* sie zu beschreiben. Wir sagen also, es ist so etwas wie ein Tanz, so etwas wie eine Hochzeit, so etwas wie eine Blume, so etwas wie das

Plätschern des Wassers und so etwas wie das Schimmern von Gold.

Ich kann es nicht besser beschreiben. Aber ich weiß, dass es da ist. Und ich weiß, dass es unsere Aufgabe als Kultur ist, all unseren Mitgliedern – von den allerjüngsten bis zu den allerältesten – zu helfen, sich an diese Tatsache zu erinnern und das Wissen um die Realität der höheren Welten jeden Moment am Leben zu erhalten. Ich möchte die Frau im Altersheim, die vor so vielen Jahren ganz tief in die umwerfend dunklen Augen ihres frisch angetrauten Ehemanns geschaut hat, wissen lassen, dass ihr Ehemann immer noch lebt und dass sie und er und all die Menschen und Tiere, die sie je geliebt hat, in der jenseitigen Welt wieder vereint sein werden.

In einem seiner Bücher erzählt der Islamwissenschaftler Henry Corbin von einem Gespräch während einer religionswissenschaftlichen Konferenz in den 1950er-Jahren. Es war beim Mittagessen. Corbin und ein anderer Religionswissenschaftler sprachen mit Daisetsu T. Suzuki, dem berühmten japanischen Meister des Zen-Buddhismus. Corbin fragte Suzuki, auf welche Weise er zum ersten Mal mit westlicher Spiritualität in Berührung gekommen sei. Suzuki erzählte ihm, er habe vor Jahren vier Bücher von Emanuel Swedenborg ins Japanische übersetzt.

Corbin und sein Freund wunderten sich. Ein Meister des Zen-Buddhismus hatte das Werk eines christlichen Wissenschaftlers und Visionärs aus dem 17. Jahrhundert nicht nur gelesen, sondern sich auch noch die Mühe gemacht, es ins Japanische zu übersetzen? Sie fragten ihn, welche Ähnlichkeiten er zwischen Swedenborg und dem Zen gefunden habe. »Ich sehe immer noch vor mir«, schreibt Corbin, »wie

Suzuki plötzlich einen Löffel schwang und lächelnd sagte: ›Dieser Löffel existiert *jetzt* im Paradies. Wir sind *jetzt* im Himmel.‹«[39]

Ich liebe diese Geschichte. Ein Gelehrter und Mystiker aus dem Osten preist einen Gelehrten und Mystiker aus dem Westen und bedient sich dafür des gewöhnlichsten, alltäglichsten Objekts, das man sich nur denken kann.

Wo immer Sie jetzt sind, ist der Himmel, und Sie sind in diesem Himmel, genau wie jedes noch so bescheidene, anscheinend unbedeutende Objekt, jede Kreatur und jede Person in Ihrem Umfeld. Nicht in irgendeiner vagen, schwer zu verstehenden, theoretischen Weise, sondern in der handfestesten und realsten Weise, die man sich vorstellen kann. So real, als fasse man einen unter Spannung stehenden Draht an, wie es einer der von Alister Hardy Befragten formulierte. Jedes Objekt, das Sie in der Welt um sich herum sehen, existiert in einer ganzen Hierarchie von Welten, und zwar in jeder Sekunde. Das schließt auch den Tankstutzen ein, den Sie in der Hand hatten, als Sie das letzte Mal getankt haben, und den zerdrückten Plastikbecher neben Ihrem Fuß, den Sie träge angestarrt haben, während sich der Tank füllte. Der Himmel ist hier. Aber wir haben uns antrainiert, ihn nicht zu sehen, und deshalb ist so viel von unserer Welt der Hölle allmählich sehr ähnlich.

Warum sprangen meine Freunde und ich damals während meiner Fallschirmspringerzeit Kilometer über der Erde aus Flugzeugen und koordinierten unseren freien Fall, um uns für ein paar wunderbare Sekunden zu Sternen, zu Schneeflocken oder zu irgendeiner anderen Formation zusammenzuschließen?

Nun, es hat *Spaß gemacht*. Aber es war noch etwas anderes im Spiel, nämlich eine Art »Genau-richtig-Gefühl«, das ich hatte, wenn ich die Hand ausstreckte und es für einen Moment allen von uns gelang, eine dieser Formationen am Himmel zu bilden. In den Sekunden, in denen wir alle im freien Fall verbunden waren, waren wir so etwas wie eine harmonische Versammlung über der Erde. Es ist komisch (und doch überhaupt nicht lustig), dass meine Fallschirmspringerfreunde und ich, wenn wir aus dem Flugzeug sprangen, um uns kurz am Himmel zu gruppieren, oft eine kreisförmige Formation bildeten. Der Kreis ist, wie schon Platon wusste, das Symbol der Ganzheit, in der sich Himmel und Erde vereinigen, wie sie einst waren und wie sie es eines Tages wieder sein werden. Und während wir so durch den Himmel nach unten schossen und uns manövrierten, sodass wir uns für ein paar wunderbare Momente zu diesen größeren Formen zusammenschließen konnten, wussten wir das auf irgendeiner Ebene. Wir, meine Freunde und ich, wussten genau, was wir taten, als wir diese Kreise am Himmel bildeten, die solch wunderbare Symbole unserer kosmischen Bestimmung waren. Auf einer tieferen Ebene wissen wir alle in jedem Moment ganz genau, was wir tun. Aber dieses Wissen taucht auf und geht wieder unter, taucht auf und geht wieder unter. Deswegen müssen wir – mehr als je zuvor – so hart daran arbeiten, uns zu erinnern. Wir waren noch nie so weit davon entfernt.

Aber die Reise nach außen endet bald, und die Reise nach innen beginnt. Darum muss ich, wenn ich mich an die Fallschirmsprünge erinnere, auch immer an den ersten Sprung denken, den ich gemacht habe – den Sprung, mit dem ich in die himmlische Bruderschaft eingeweiht wurde, und an die Frage, die mir mein Springmeister gestellt hat, als ich an der Türkante stand und mich für den Sprung ins Nichts bereit machte. Ich denke an diese aus drei Worten bestehende Frage, die mir mein Ausbilder gestellt hat und die vor mir schon so vielen anderen Initiationsanwärtern gestellt wurde. Eine aus drei Worten bestehende Frage, die von den jenseitigen Welten an unsere gesamte Kultur gestellt wird, und zwar genau jetzt, wo wir in das wunderbarste Kapitel unserer Geschichte eintreten, das die größten Herausforderungen für uns bereithält.

Bist du bereit?

Dank

Während meiner fantastischen Odyssee seit der Rückkehr aus dem Koma im November 2008 war ich mit der Unterstützung, dem Verständnis und der Ermutigung Tausender von Seelen aus aller Welt gesegnet. Ihre zahllosen Briefe und E-Mails sowie die Gespräche mit ihnen haben mir Kraft gegeben und mich in meiner Überzeugung bestärkt. Mein ganz herzlicher Dank geht an sie alle (besonders an diejenigen, deren Geschichten Eingang in dieses Buch gefunden haben).

Meine Schwester Phyllis Alexander war ein großer Segen für mich und andere, weil sie mir geholfen hat, eine innige Verbindung zu den Seelen aufzubauen, die mich erreichen wollten. Meine Nichte Dayton Slye war mir bei diesen noch andauernden Bemühungen ebenfalls eine große Hilfe.

Karen Newell, meiner Seelenpartnerin auf allen Ebenen, danke ich dafür, dass sie ihre Leidenschaft und ihr Wissen eingebracht hat, um die Liebe, die wir alle sind, in die Realität dieser Welt zu bringen und sie so für immer zu einem besseren Ort zu machen.

Ich danke auch meiner außergewöhnlichen Literaturagentin Gail Ross und ihren Mitarbeitern Howard Yoon, Dara Kaye (die zusammen mit meiner Schwester Phyllis maßgeblich dafür verantwortlich war, dass mein enger Zeitplan kontrollierbar blieb), Anna Sproul-Latimer und den anderen bei der Ross Yoon Agency.

Priscilla Painton, Vizepräsidentin und Cheflektorin, und Jonathan Karp, leitender Vizepräsident und Verleger, Hadley Walker, Anne Tate Pearce und so vielen ihrer Mitarbeiter bei Simon & Schuster danke ich für ihren außergewöhnlichen Weitblick, ihre Leidenschaft und ihre intensiven Bemühungen, diese Welt zu einem besseren Ort zu machen.

Meinem Mitautor, Ptolemy Tompkins, danke ich für sein überragendes Wissen, sein Verständnis und sein schriftstellerisches Können.

Mein Dank geht auch an Raymond und Cheryl Moody, Bill Guggenheim, John Audette, Edgar Mitchell, Elizabeth Hare, Bob Staretz, Gary und Rhonda Schwartz und viele andere, die dazu beigetragen haben, Eternea.org zu entwickeln, um die Öffentlichkeit über die Physik des Bewusstseins und die Annäherung von Wissenschaft und Spiritualität zu informieren.

Bruce Greyson, Ed Kelly, Emily Williams Kelly, Jim Tucker, Ross Dunseath und alle Wissenschaftler der Division of Perceptual Studies an der University of Virginia danke ich für ihr mutiges Unterfangen, die moderne Wissenschaft zu einem viel gewaltigeren Wissen zu führen.

Ich danke zahlreichen weiteren Freunden, deren Liebe und Fürsorge mir auf meiner Reise sehr geholfen haben: Jody Hotchkiss, Chuck Blitz, Ram Dass, Gary Zukav und Linda Francis, Kevin und Catherine Herrmann Kossi, Alexandre Tannous, Anita und Danny Moorjani, Michael und Margie Baldwin, Virginia Hummel, Bharat Mitra und Bhavani Lev, Debra Martin und Sheri Getten, Larry Dossey,

Pim van Lommel, Gary Gilman, Michael und Suzanne Ainslie, Joni Evans, Mary Wells Lawrence, Terre Blair Hamlisch, Judith Caldwell, Alex und Jean Trebek, Terri Beavers, Jay Gainsboro, Ryan Knighton und so vielen anderen.

Am meisten aber danke ich meiner lieben Familie für ihre grenzenlose Liebe und ständige Unterstützung, mit denen sie mir geholfen hat, dies alles besser zu verstehen: meinen wunderbaren Söhnen Eben IV. und Bond, meinen geliebten Eltern, Betty und Eben Alexander jr., meinen Schwestern Jean, Betsy und Phyllis, meiner früheren Frau, Holley Bell Alexander, meiner geliebten Ursprungsfamilie und ganz besonders meiner verstorbenen Schwester, die auch Betsy hieß und die ich in dieser Welt nie kennengelernt habe. Sie hilft auch weiterhin Millionen mit ihrer liebenden Seele.

Meine Dankbarkeit, die ich ganz besonders Gott gegenüber empfinde, lässt sich in Worten nicht ausdrücken.

Eben Alexander

Mit Eben zu arbeiten war eines der großen Abenteuer meines Lebens. Außer ihm und unserer wunderbaren Lektorin Priscilla Painton möchte ich folgenden Personen danken: Kate Farrell, Jerry Smith, Gene Gollogly, Art Klebanoff, Terry McGovern, Karl Taro Greenfeld, Bill Manning, Alexander Vreeland, Sydney Tanigawa, Sophia Jimenez, Steve Sittenrich, Phil Zaleski, Ralph White, Chris Bamford, Richard Ryan, Richard Smoley, Oliver Ray, Bokara Legendre, Michael Baldwin, Elise Wiarda, Dave Stang,

Gary Lachman, Mitch Horowitz, Godfrey Cheshire, Rene Goodale, Robin und Stuart Ray, Christie Robb und ganz besonders meiner Frau Colleen und meinen Stieftöchtern Evie, Lulu und Mara.

Ptolemy Tompkins

Schlusswort

Die Antworten liegen in uns allen

Wer das Mysterium des Klangs erkennt,
der kennt das Mysterium des gesamten Universums.

Hazrat Inayat Khan (1882–1927)

- *Wer sind wir?*
- *Woher kommen wir?*
- *Wohin gehen wir?*

Ich habe durch meine Reise gelernt, dass sich ein wahrer Sucher tief in sein eigenes Bewusstsein begeben muss, um sich dem Erkennen der Wahrheit unserer Existenz anzunähern. Einfach nur die Erlebnisse und Gedanken anderer Menschen zu lesen und sie sich anzuhören, ist nicht genug. Wie wir gesehen haben, sind wissenschaftliche und religiöse Dogmen nicht immer korrekt, und es ist wichtig, dass wir ein starkes Vertrauen in unser eigenes inneres Führungssystem entwickeln, statt den sogenannten Experten einfach blind zu folgen.

Man muss nicht unbedingt ein Nahtoderlebnis oder eine andere Art von externem Ereignis hinter sich haben, um dieses Wissen bieten zu können. Es kann auch gezielt gefördert werden. Langzeitmeditierende und Mystiker demonstrieren dies seit Jahrtausenden. Ich brauchte nach meinem Koma ein paar Jahre, um dies zu verstehen, aber letztendlich begriff ich, dass ich ein regelmäßiges Meditationsmuster entwickeln musste, um meine Beziehung mit dem spirituellen Bereich zu erweitern. Ich fand heraus, dass ich einige der tiefgründigsten überphysischen Bereiche, die ich auf meiner Reise im tiefen Koma besucht hatte, in Klangmeditationen – für mich eine Form des zentrierenden Gebets – wieder aufsuchen konnte. Diese Meditationen haben mir nicht nur geholfen, wieder Zugriff auf Elemente meiner Koma-Reise zu bekommen, sondern auch auf tiefe Bewusstseinsebenen zu gelangen. So wie Klang mir auf meiner Koma-Reise die Übergänge in immer tiefgründigere und weitere Bereiche erleichtert hat, kann er auch im Hier und Jetzt eine wichtige Rolle für uns alle spielen.

Als ich im November 2008 ins Koma fiel, war ich schon seit über einem Jahr für die *Focused Ultrasound Surgery Foundation* tätig gewesen. Meine Hauptaufgabe dort bestand darin, die weltweite medizinische Forschung für die kraftvolle und innovative Technologie der Ultraschallchirurgie zu koordinieren, mit der ich zum ersten Mal in Berührung gekommen war, als ich in den frühen 1990er-Jahren an einem iMRI-Projekt (iMRI = *Intraoperative Magnetic Resonance Imaging*; Intraoperative Magnetresonanztomografie) an der Harvard Medical School arbeitete. Damals lernte ich viel über das breite Spektrum des wohltuenden Wechselspiels, das Klang mit Materie eingehen kann. Vor allem sah ich, wie die thermischen und mechanischen

Wirkungen des Ultraschalls – Schall mit einer Frequenz von mehr als 20 000 Zyklen pro Sekunde oder Hertz (Hz), die obere Grenze des menschlichen Hörfrequenzbereichs – durch neue Verfahren der Magnetresonanztomografie gesteuert werden können und wie das die Medizin durch eine Reihe von Therapien revolutionierte. Mittlerweile hat sich herausgestellt, dass ich mit meiner Arbeit dort nur die Oberfläche der Frage berührte, wie Klang die materielle Welt beeinflussen kann.

Wie die Leser von *Blick in die Ewigkeit* wissen, bildeten Musik, Klang und Schwingungen während meines Nahtoderlebnisses Schlüssel für den Zugang zum gesamten Spektrum der geistigen Reiche – von der kreisenden Melodie aus reinem weißem Licht, die mich aus dem Reich der Regenwurmperspektive rettete und als eine Art Eingangsportal in das ultra-reale Tal des Übergangs fungierte, bis hin zu den Engelchören, deren Hymnen und Sprechgesänge meinen Aufstieg über dieses idyllische himmlische Tal hinaus in höhere Dimensionen anspornten, bis ich schließlich den Kern erreichte, weit jenseits von Raum und Zeit. Dort im Kern spürte ich den donnernden Schauer des *Om*, des Klangs, den ich mit jenem unendlich mächtigen, wissenden und liebenden Wesen assoziierte, mit jener Gottheit über allen Namen oder Beschreibungen – mit Gott.

Eine Frage, die mir nach meinen Vorträgen häufig gestellt wird, ist, ob ich mich an die Musik erinnere, besonders an die kreisende Melodie. Die Antwort lautet, dass ich die Erinnerung an diese magischen Klänge verloren habe. Aber ich habe in dem Bemühen, sie in diesen irdischen Bereich zu holen, mit verschiedenen Leuten zusammengearbeitet.

195

Saskia Moore, die in London lebt, fand eine gewisse Übereinstimmung zwischen Elementen, die ich als zu der Musik aus meinem Nahtoderlebnis gehörig erkannt habe, und ähnlicher Musik, die sie bei anderen Nahtoderfahrenen identifiziert hat, und zwar im Rahmen ihres Projekts »Dead Symphony«.[40]

Ein außergewöhnliches Erlebnis mit Klang und Meditation hatte ich während einer Sitzung bei Alexandre Tannous, Ethnomusikologe und Klangforscher, der auch Klangtherapie studiert und praktiziert hatte. Ich hatte Alexandre bei einer Bioethik-Konferenz über Tod und Sterben in Madison, Wisconsin, kennengelernt. Er hatte das gesamte Publikum mit seiner zauberhaften Klangmeditation mit Gongs, Glockenspiel und antiken tibetischen Klangschalen hypnotisiert.

Ein paar Wochen später traf ich ihn für eine private Sitzung in seinem Atelier in New York City. Er bot mir eine erstaunliche Klangreise dar, eine Erfahrung ganz aus diesem Universum. Ich war erschüttert über die Realität der Welt, die ich mit den Klängen, die er produzierte, betrat – eine Welt mit völlig anderen Gesetzen als die der Physik. Ich sah sanft vom Wind gekräuseltes Gras neben einem Fluss und beobachtete die Drehbewegung einer nahegelegenen Galaxie am Nachthimmel. Meine Erfahrung mit der Zeit wurde auf den Kopf gestellt. Es fühlte sich an wie eine Reise von vielen Stunden, dauerte aber tatsächlich nur einen Bruchteil dieser Zeit. Meine Beschreibung erinnert vielleicht an eine Erfahrung, wie man sie mit psychedelischen Drogen machen kann, aber diese außergewöhnliche Reise war allein das Ergebnis von Klängen.

Das liegt daran, dass *alles Schwingung* ist. Unsere Sinnesorgane, vor allem Augen und Ohren, verarbeiten Informationen über die Frequenzen schwingender Wellen, im Falle der Augen in Form elektromagnetischer Strahlung oder im Falle der Ohren über Schallwellen, die auf das Trommelfell treffen. Auch das aktuelle neurowissenschaftliche Modell der Gehirnfunktionen stützt sich auf Informationsverarbeitung als alleiniges Ergebnis von Schwingungen – das zeitlich-räumliche Signalübertragungsmuster in dem enorm weitläufigen Netz, das die Neuronen im menschlichen Gehirn bilden. In der Neurologie würde man sagen, dass alles, was Sie je erlebt haben, nichts anderes ist als jene elektrochemischen Schwingungen in Ihrem Gehirn – ein *Modell* der Realität, nicht die Realität selbst.

Vor meinem Koma hatte ich wenig über die Bedeutung von Klang in einigen religiösen und meditativen Traditionen gewusst. Seitdem habe ich eine Menge darüber gelernt, ganz besonders über die Bedeutung des Om in der hinduistischen Tradition, wo es der Urklang ist, der beim Rezitieren von Mantras zum Einsatz kommt. Das Om wird als die uranfängliche Schwingung bezeichnet, welche die Materie in unserer heutigen Welt hervorgebracht hat. Mein Erlebnis im Kern hat mich gelehrt, dass das Om wirklich der Ursprung von allem Existierenden ist.

Bei meiner gegenwärtigen Forschung befasse ich mich daher viel mit dem Einsatz von Klang (Musik und andere Manipulationen verschiedener Klangfrequenzen) zur Erzeugung von tief transzendenten Bewusstseinszuständen. Dabei habe ich versucht, mein physisches Gehirn »aus der Gleichung« zu nehmen, die Informationsverarbeitung meines

Neokortex zu neutralisieren, um mein Bewusstsein freizusetzen. Ich wollte die großartige Erweiterung des Bewusstseins nachahmen, die ich aufgrund meiner Meningitis (und der damit verbundenen neokortikalen Zerstörung) erstmals erlebt hatte, als ich dem reinen weißen Licht (der kreisenden Melodie) aus dem Reich der Regenwurmperspektive in die strahlende Ultra-Realität im Tal des Übergangs folgte. Die Engelchöre dort boten ein weiteres Portal, das durch noch höhere Dimensionen zum Kern führte. Ich vermutete, dass ich vielleicht Klang einsetzen konnte, um die Reiche, die ich auf meiner Odyssee besucht hatte, noch einmal aufzusuchen, und dass mir dies gelingen könnte, wenn ich meine Gehirnwellen mit bestimmten Frequenzen synchronisierte.

Stark vereinfacht ausgedrückt geht es hierbei um den Einsatz von Tönen mit leicht unterschiedlichen Frequenzen, die über Kopfhörer von beiden Ohren gleichzeitig gehört werden. Beispielsweise ruft ein Signal von 100 Hz auf dem einen Ohr und ein gleichzeitiges Signal von 104 Hz auf dem anderen Ohr durch die Differenz zwischen den beiden Inputs die Sinnesempfindung eines flackernden Tons von 4 Hz hervor, einen binauralen Beat. Der »Beat«-Klang existiert nicht außerhalb des Gehirns. Es ist also kein »Ton«, den andere hören können.

Der neuronale Schaltkreis im unteren Hirnstamm, der den binauralen Beat erzeugt, grenzt an einen primitiven Schaltkreis, der nach heutigen neurowissenschaftlichen Vorstellungen über das Bewusstsein den grundlegenden Timing-Mechanismus für die Einbindung vieler separater neuronaler Module in das »Einssein« der bewussten Wahrnehmung bildet. Meiner Theorie zufolge ermöglicht dies der Beatfrequenz, die vorherrschende elektrische Aktivität im Neokortex voranzutreiben oder »mitzureißen« und damit seine Gesamtfunktion zu steuern.

In diesem Zusammenhang lernte ich im November 2011 Karen Newell kennen. Karen verfügt über ein fundiertes Wissen, Weisheit und Erfahrung, die auf vielen Ebenen eine Ergänzung meiner eigenen Reise darstellen. Sie und der Audio-Komponist und Ingenieur Kevin Kossi, die gemeinsam *Sacred Acoustics* gründeten, hatten fast ein Jahr daran gearbeitet, mithilfe dieser synchronisierten Frequenzen regelmäßig veränderte Bewusstseinszustände herbeizuführen. Mir wurde allmählich klar, dass ihre Techniken ein enormes Potenzial haben und mir helfen könnten, in jene außerordentlichen geistigen Reiche vorzudringen, die ich noch einmal besuchen wollte. Als ich ihre Aufnahmen zum ersten Mal hörte, stellte ich mit Erstaunen fest, mit welcher Kraft sie mein Bewusstsein von den Einschränkungen durch mein Gehirn befreien konnten. Zu ihrer Technik gehört auch, dass sie sich von Frequenzen und Obertonschwingungen aus der Natur ebenso inspirieren lassen wie von der Akustik alter Sakralbauten.

Unsere Vorfahren waren sich des Klangs als Mittel, um Zugang zu den geistigen Reichen zu bekommen, sehr wohl bewusst. Die Forschungsgruppe *Princeton Engineering Anomalies Research (PEAR)*, gegründet 1979, hat sich mehrere Jahrzehnte lang damit beschäftigt, welche Rolle das Bewusstsein in der physischen Realität spielt. Dazu gehörten auch archaeoakustische Untersuchungen, also das Studium der akustischen Eigenschaften alter Kultstätten. In einer in

Großbritannien durchgeführten PEAR-Studie[41] wurde unter anderem die akustische Resonanz in sehr alten, von Menschen geschaffenen Bauten gemessen. Obwohl die diversen Anlagen sehr viele verschiedene Formen und Größen hatten, wiesen viele von ihnen Resonanzen in einem ähnlichen Frequenzbereich auf, nämlich zwischen 95 und 120 Hz. Diese Spanne entspricht dem durchschnittlichen Umfang einer männlichen Stimme. Es wurde vermutet, dass Menschen an diesen Orten gesungen haben, um über den durch die Resonanz verstärkten Gesang Zugang zu nicht lokalen Bewusstseinszuständen zu bekommen.

Akustische Forschungen, die in der Großen Pyramide von Gizeh in Ägypten durchgeführt wurden, haben ergeben, dass die Erbauer absichtlich Gebilde einbezogen haben, die eine Resonanz im unteren Frequenzbereich (1–8 Hz) erzeugen, die mit transzendentalen Meditations- und Traumzuständen in Verbindung gebracht wird. Besucher, die eine gewisse Zeit in der Königskammer der Großen Pyramide verbracht haben, berichten von mystischen Erlebnissen, die sich durch Gesänge und andere Klänge einstellten.

Viele der prächtigen mittelalterlichen Kathedralen auf der ganzen Welt sind ebenfalls für ihre besondere Akustik bekannt, die dafür sorgt, dass Orgelmusik und Chorgesang in Resonanz mit der Gebäudestruktur gehen und Gottesdienstbesuchern ein erhebendes spirituelles Erlebnis bieten. Ganz besonders deutlich wird dies in der Cathédrale Notre-Dame de Chartres. Wie die Große Pyramide wurde auch die Kathedrale von Chartres so gebaut, dass sie bestimmte Klänge verstärkt. Gregorianische Gesänge wirken dort besonders machtvoll. Ihr Sinn und Zweck war und ist es, Zuhörern und Sängern gleichermaßen zu helfen, sich auf persönlichere Weise mit dem Göttlichen zu verbinden.

Als Neurochirurg wusste ich schon seit Jahrzehnten, dass nur ein winziger Teil des Neokortex tatsächlich für das Hervorbringen und Verstehen von Sprache und für das Erzeugen von bewussten Gedanken zuständig ist. Die Experimente von Benjamin Libet und anderen seit den frühen 1980er-Jahren haben ergeben, dass die kleine Stimme in unserem Kopf, das »linguistische Gehirn«, noch nicht einmal der Entscheidungsträger unseres Bewusstseins ist. Dieses linguistische Gehirn, das eng mit dem Ego und den Vorstellungen vom Selbst verknüpft ist, fungiert nur als Zuschauer, der über bewusste Entscheidungen erst 100 bis 150 Millisekunden, nachdem sie getroffen wurden, informiert wird. Das Zustandekommen dieser Entscheidungen ist ein viel tiefgründigeres Geheimnis.

Dr. Wilder Penfield, einer der angesehensten Neurochirurgen des 20. Jahrhunderts, erklärte in seinem 1975 erschienenen Buch *The Mystery of the Mind*, dass das Bewusstsein nicht vom physischen Gehirn erzeugt wird. Er wusste aus jahrzehntelanger Erfahrung mit dem elektrischen Stimulieren des Gehirns wacher Patienten, dass das, was wir als freien Willen, Bewusstsein oder Verstand bezeichnen, das physische Gehirn von »außen« zu beeinflussen scheint und *nicht* von ihm hervorgebracht wird.

Erst nach meinem Koma wurde mir klar, wie tiefgründig das zugängliche Bewusstsein wirklich ist, und diese Tiefe wurde für mich immer augenfälliger, seit ich begonnen habe, mit *Sacred Acoustics* zu arbeiten. Diese klanggestützten Meditationen haben mir geholfen, die kleine Stimme in meinem

Kopf auszuschalten, den ständigen Gedankenfluss (der *nicht* unser Bewusstsein ist) zum Erliegen zu bringen, mich mit dem inneren *Beobachter* dieser Gedanken zu verbinden und mir meines eigenen wahren Wesens stärker bewusst zu werden. Indem wir das Geschwätz des eng mit Furcht und Angst verbundenen sprachlichen Gehirns (Ego/Selbst) vorübergehend deaktivieren und unsere Achtsamkeit durch Meditation kultivieren, bekommen wir allmählich Zugang zur wahren Natur des Bewusstseins und der Existenz.

Wie sich die Berichte über Nahtoderlebnisse unterscheiden, wird jeder Einzelne auch diese Achtsamkeit anders erleben. In meinen Meditationen gelang es mir recht erfolgreich, in die Reiche zurückkehren, auf die ich zum ersten Mal im tiefen Koma gestoßen war. Ich war auch in der Lage, die Seele meines Vaters zu spüren und mit ihr zu kommunizieren, die in meinem Nahtoderlebnis so offenkundig abwesend gewesen war. Andere haben von einer verbesserten Konzentration berichtet, von bemerkenswert kreativen Inspirationen, von der Rückgewinnung vergessener Erinnerungen aus der Kindheit, von einer erweiterten Bewusstheit, von mehr Führung und Intuition. Einige sind sogar in unmittelbaren Kontakt mit nicht physischen Bereichen und mit der beeindruckenden Gesamtheitlichkeit des universellen Bewusstseins gekommen. Jede unserer Reisen ist einzigartig, und die Möglichkeiten sind unbegrenzt. Das Geschenk der Achtsamkeit gibt uns die Möglichkeit, die wahre Natur des Bewusstseins und unsere persönliche Verbindung zu allem, was ist, selbst zu erforschen.

Wenn jeder von uns auf die Tatsache aufmerksam wird, dass unser individuelles Bewusstsein Teil eines viel größeren universellen Bewusstseins ist, wird die Menschheit in die großartigste Phase der gesamten aufgezeichneten Geschichte eintreten, und wir werden ein tieferes Verständnis für die grundlegende Beschaffenheit allen Daseins gewinnen. Dies beinhaltet die Vertiefung der Weisheit von Jahrtausenden, eine Verschmelzung von Wissenschaft und Spiritualität und eine Angleichung der wichtigsten Auffassungen über das Wesen unseres Daseins. Die Antworten liegen in uns allen.

Sind Sie bereit?

Anmerkungen

1 Smith: *The Way Things Are*, S. 79.
2 Religious Experience Research Center (RERC), Bericht Nummer 000385, zitiert in: Hardy, *The Spiritual Nature of Man*, S. 53.
3 *Specimens of the Table Talk of the Late Samuel Taylor Coleridge*, Eintrag vom 2. Juli 1830 (1835).
4 Eduard Mörike (Hrsg.); *Griechische Lyrik* (Homerische Hymnen, I. Auf den delischen Apollon), *Fischer 1960*.
5 Zitiert in: Russell: *From Science to God*.
6 Tarnas: »Is the Psyche Undergoing a Rite of Passage?«, in: Singer: *The Vision Thing*, S. 262.
7 C. G. Jung: *Gesammelte Werke*, Bd. 8, S. 497.
8 Lawrence LeShan: *A New Science of the Paranormal*, S. 81f.
9 TCR 792, zitiert in: Van Dusen: *The Presence of Other Worlds*, S. 72.
10 Aus: »Selige Sehnsucht« von Johann Wolfgang von Goethe.
11 Pascal, das Fragment, zitiert in: Happold: *Mysticism*, S. 39.
12 Fechner: *Die Tagesansicht gegenüber der Nachtansicht*, Erster Teil: Grundzüge, Eingang.
13 Groll: *Swedenborg and New Paradigm Science*, S. 78.
14 Zitiert in: Corbin: *The Man of Light in Iranian Sufism*, S. 60.
15 *The Gospel of Sri Ramakrishna*.
16 Emile Durkheim: *Elementary Forms of Religious Life*, zitiert in Hardy: *The Spiritual Nature of Man*, S. 8.
17 Zitiert nach: www.rosenkreuzer.de/tmodie-martinisten/geschichte/jakob-boehme.
18 Hardy: *The Spiritual Nature of Man*, S. 1.
19 RERC, Bericht 4405, zitiert in Maxwell und Tschudin: *Seeing the Invisible*.
20 RERC, Bericht 2389, zitiert in Hardy: *The Spiritual Nature of Man*, S. 92.

21 Robinson: *The Original Vision,* Eingangsmotto.

22 Ebenda, S. 21.

23 Ebenda, S. 22.

24 RERC, Bericht 000651, zitiert in Robinson, *The Original Vision,* S. 27.

25 RERC, Bericht 000500, zitiert in: Robinson, *The Original Vision,* S. 28 f.

26 Robinson: *The Original Vision,* S. 29.

27 Das ist einer der Gründe, warum ich mich so sehr bemüht habe, besonders durch meine Arbeit mit *Sacred Acoustics,* spirituelle Übungen zu entwickeln, die heutzutage jeder machen kann, vielleicht ganz besonders junge Menschen. Siehe Schlusswort.

28 Medhananda: *With Medhananda on the Shores of Infinity,* S. 34.

29 RERC, Bericht 983, zitiert in: Hardy, *The Spiritual Nature of Man,* S. 78.

30 Sudman: *Application of Impossible Things,* S. 111.

31 Yeats: *The Collected Works, Vol. III,* S. 216f.

32 Aus: »Unschlüssigkeit« von William Butler Yeats, übersetzt von Gerhard Falkner und Nora Matocza, in: *Die Gedichte,* S. 282.

33 RERC, Bericht 165, zitiert in: Fox, *Spiritual Encounters with Unusual Light Phenomena. Lightforms,* S. 26.

34 Bache: *Dark Night, Early Dawn,* S. 41.

35 RERC, Bericht 975, zitiert in: Hardy, *The Spiritual Nature of Man,* S. 60.

36 Rilke: *Die Sonette an Orpheus,* 1922, 1. Zeile.

37 Dieser Bericht von Chaz Ebert erschien in der *Esquire*-Ausgabe vom Dezember 2013.

38 Mündlich überliefertes Zitat aus einem 1927 mit Werner Heisenberg geführten Gespräch, zitiert in: Hänsel (Hrsg.): *Die spirituelle Dimension in Coaching und Beratung,* 2012, S. 49.

39 Corbin: *Alone with the Alone,* S. 354.

40 Weitere Informationen über Moores »Dead Symphony«-Projekt finden Sie im Internet unter http://saskiamoore.tumblr.com/deadsymphony.

41 http://www.princeton.edu/~pear/pdfs/1995-acoustical-resonances-ancient-structures.pdf.

Bibliografie

Alexander, Eben: *Blick in die Ewigkeit. Die faszinierende Nahtoderfahrung eines Neurochirurgen.* München: Ansata, 2013.

Alexander, Eben & Karen Newell: *Seeking Heaven. Sound Journeys into the Beyond.* New York: Simon & Schuster Audiobooks, 2013.

Anderson, William: *Dante the Maker.* London: Hutchison, 1983.

–: *The Face of Glory. Creativity, Consciousness and Civilization.* London: Trafalgar Square, 1996.

Arkle, William: *A Geography of Consciousness.* London: Neville Spearman, 1974.

> *Arkle ist heute wenig bekannt, aber ein außergewöhnlicher Denker, dessen Erfahrungen sich in bemerkenswerter Weise mit meinen decken.*

Bache, Christopher: *Dark Night, Early Dawn. Steps to a Deep Ecology of Mind.* Albany: State University of New York Press, 2000.

Baker, Mark C. & Stewart Goetz (Hs.): *The Soul Hypothesis. Investigations into the Existence of the Soul.* London: Continuum International, 2011.

Blackhirst, Rodney: *Primordial Alchemy and Modern Religion. Essays on Traditional Cosmology.* San Rafael, CA: Sophia Perennis, 2008.

> *Es ist erstaunlich, wie viele sehr unterschiedliche Ansichten es darüber gibt, was Platon wirklich gedacht hat. Diese brillante Sammlung von Aufsätzen ist ein Muss für jeden, der sich dafür interessiert, was Platon uns heute zu sagen hat.*

Bucke, Maurice: *Cosmic Consciousness. A Study in the Evolution of the Human Mind.* New York: Dutton, 1956.

Chalmers, David J.: *The Conscious Mind. In Search of a Fundamental Theory.* Oxford: Oxford University Press, 1996.

Corbin, Henry: *Die smaragdene Vision. Der Licht-Mensch im persischen Sufismus.* Köln: Diederichs, 1989.

–: *Spiritual Body and Celestial Earth.* Princeton: Princeton University Press, 1989.

–: *Alone with the Alone. Creative Imagination in the Sufism of Ibn 'Arabi.* Princeton: Princeton University Press, 1998.

Crookall, Robert: *The Supreme Adventure: Analyses of Psychic Communications.* London: James Clarke, 1961.

Dalai Lama: *A Profound Mind. Cultivating Wisdom in Everyday Life.* New York: Harmony Books, 2012.

–: *Die Welt in einem einzigen Atom. Meine Reise durch Wissenschaft und Buddhismus.* Freiburg: Herder, 2011.

De Chardin, Teilhard: *Das Herz der Materie und Das Christische in der Evolution.* Ostfildern: Patmos, 2014.

Devereux, Paul: *Stone Age Soundtracks. The Acoustic Archaeology of Ancient Sites.* London: Vega, 2002.

Dossey, Larry: *One Mind. Alles ist mit allem verbunden.* Amerang: Crotona, 2014.

> *Dossey fasst hier die neuesten Forschungsergebnisse zum Bewusstsein zusammen und erklärt, welche Konsequenzen sie für uns alle haben.*

–: *The Power of Premonitions. How Knowing the Future Can Shape Our Lives.* New York: Dutton, 2009.

Elder, Paul: *Eyes of an Angel. Soul Travel, Spirit Guides, Soul Mates and the Reality of Love.* Charlottesville, VA: Hampton Roads, 2005.

Elkington, David & Paul Howard Ellson: *In the Name of the Gods. The Mystery of Resonance and the Prehistoric Messiah.* Sherborne, UK: Green Man Press, 2001.

Fechner, Gustav Theodor: *Die Tagesansicht gegenüber der Nachtansicht,* Leipzig: Breitkopf & Härtel, 1919.

Findlay, J. N.: *The Transcendence of the Cave.* London: George Allen & Unwin, 1967.

Fontana, David: *Is There an Afterlife? A Comprehensive Overview of the Evidence.* Ropley, UK: IFF Books, 2005.

–: *Life Beyond Death. What Should We Expect?* London: Watkins, 2009.

> *Fontana gehört zu meinen und Ptolemys Lieblingsautoren. Die beiden hier genannten Bücher sind Klassiker.*

Fox, Mark: *Religion, Spirituality and the Near-Death Experience.* New York: Routledge, 2002.

–: *Spiritual Encounters with Unusual Light Phenomena. Lightforms.* Cardiff: University of Wales Press, 2008.

Godwin, Joscelyn: *The Golden Thread. The Ageless Wisdom of the Western Mystery Traditions.* Wheaton, IL: Quest Books, 2007.

Groll, Ursula: *Swedenborg und das Neue Zeitalter.* St. Goar: Reichl, 1993.

Grosso, Michael: *The Final Choice. Playing the Survival Game.* Walpole, NH: Stillpoint, 1985.

Guggenheim, Bill & Judy Guggenheim: *Hello from Heaven!* New York: Bantam Books, 1995.

Hale, Susan Elizabeth: *Sacred Space, Sacred Sound. The Acoustic Mysteries of Holy Places.* Wheaton, IL: Quest Books, 2007.

Happold, F. C.: *Mysticism. A Study and an Anthology.* New York: Penguin, 1990[41].

   Eine hervorragende Untersuchung mystischer Erfahrungen aller Art und eines von Ptolemys Lieblingsbüchern.

Hardy, Alister: *The Spiritual Nature of Man.* New York: Clarendon Press, 1979.

Head, Joseph & Cranston, S. L.: *Reincarnation: The Phoenix Fire Mystery. An East-West Dialogue on Death and Rebirth from the Worlds of Religion, Science, Psychology, Philosophy, Art, and Literature, and from Great Thinkers of the Past and Present.* New York: Julian Press, 1977.

Hogan, R. Craig: *Your Eternal Self.* Normal, IL: Greater Reality Publications, 2008.

Holden, Janice Miner, Bruce Greyson & Debbie James (Hs.): *The Handbook of Near-Death Experiences. Thirty Years of Investigation.* Santa Barbara, CA: Praeger, 2009.

Houshmand, Zara, Robert B. Livingston & B. Alan Wallace (Hs.): *Consciousness at the Crossroads. Conversations with the Dalai Lama on Brain Science and Buddhism.* Ithaca, NY: Snow Lion, 1999.

Jahn, Robert G. & Brenda J. Dunne: *Margins of Reality. The Role of Consciousness in the Physical World.* New York: Harcourt Brace Jovanovich, 1987.

Jung, C. G.: *Gesammelte Werke,* Bände 1–20, Ostfildern: Patmos, 2001.

Kason, Yvonne & Teri Degler: *A Farther Shore. How Near-Death and Other Extraordinary Experiences Can Change Ordinary Lives.* New York: HarperCollins, 1994. (Neu veröffentlicht als *Farther Shores,* iUniverse, 2008.)

Kelly, Edward F., Emily Williams Kelly, Adam Crabtree, Alan Gauld, Michael Grosso & Bruce Greyson: *Irreducible Mind. Toward a Psychology for the 21st Century.* Lanham, MD: Rowman & Littlefield, 2007.

Knight, F. Jackson: *Elysion. On Ancient Greek and Roman Ideas Concerning a Life After Death.* London: Rider, 1970.

Ein wahrhaft revolutionärer Blick von einem großen Gelehrten auf das, was die Alten wirklich über den Tod und das Leben danach dachten.

Kübler-Ross, Elisabeth: *Über den Tod und das Leben danach.* Güllesheim: Silberschnur, 2012.

Lachman, Gary: *The Caretakers of the Cosmos. Living Responsibly in an Unfinished World.* London: Floris Books, 2013.

Wie können wir die Entdeckungen, die über die geistige Welt gemacht werden, in das Leben integrieren, das wir hier und jetzt auf der Erde führen? Lachman gibt einen faszinierenen Überblick über die möglichen Antworten.

LeShan, Lawrence: *A New Science of the Paranormal. The Promise of Psychical Research.* Wheaton, IL: Quest Books, 2009.

Libet, B., C. A. Gleason, E. W. Wright & D. K. Pearl: »Time of conscious intention to act in relation to onset of cerebral activity (readiness-potential). The unconscious initiation of a freely voluntary act«, in: *Brain* 106 (1983), S. 623–42.

Libet, Benjamin: *Mind Time. The Temporal Factor in Consciousness.* Cambridge, MA: Harvard University Press, 2004.

Lockwood, Michael: *Mind, Brain & the Quantum. The Compound ›I.‹* Oxford: Basil Blackwell, 1989.

Lorimer, David: *Survival? Body, Mind and Death in the Light of Psychic Experience.* London: Routledge & Kegan Paul, 1984.

–: *Whole in One: The Near-Death Experience and the Ethic of Interconnectedness.* New York: Arkana, 1991.

MacGreggor, Geddes: *Reincarnation as a Christian Hope.* London: Macmillan, 1982.

Maxwell, Meg & Tschudin, Verena: *Seeing the Invisible: Modern Religious and Other Transcendent Experiences.* London: Arkana, 1990.

Eine exzellente Untersuchung zeitgenössischer mystischer/transzendenter Erfahrungen mit vielen Beispielberichten aus Alister Hardys Religious Experience Research Center.

Mayer, Elizabeth Lloyd: *Extraordinary Knowing. Science, Skepticism, and the Inexplicable Powers of the Human Mind.* New York: Bantam, 2007.

McMoneagle, Joseph: *Mind Trek. Exploring Consciousness, Time, and Space Through Remote Viewing.* Charlottesville, VA: Hampton Roads, 1993.

–: *Remote Viewing Secrets. A Handbook.* Charlottesville, VA: Hampton Roads, 2000.

Medhananda: *With Medhananda on the Shores of Infinity.* Pondicherry, Sri Mira Trust, 1998.

Monroe, Robert A.: *Der zweite Körper. Astral- und Seelenreisen in ferne Sphären der geistigen Welt.* München: Heyne, 2007.

–: *Über die Schwelle des Irdischen hinaus.* München: Heyne, 2006.

–: *Der Mann mit den zwei Leben. Reisen außerhalb des Körpers.* München: Heyne, 2005.

Moody, Raymond A., jr.: *Leben nach dem Tod. Die Erforschung einer unerklärlichen Erfahrung.* Reinbek: Rowohlt, 2001.

Moody, Raymond, Jr. & Paul Perry: *Zusammen im Licht. Was Angehörige mit Sterbenden erleben.* München: Goldmann, 2011.

Moorjani, Anita: *Heilung im Licht. Wie ich durch eine Nahtoderfahrung den Krebs besiegte und neu geboren wurde.* München: Arkana, 2012.

Murphy, Michael: *Der Quanten-Mensch. Ein Blick in die Entfaltung des menschlichen Potentials im 21. Jahrhundert.* München: Integral, 2000.
   Murphys Buch ist als Katalog der menschlichen Möglichkeiten un-übertroffen und eine Fundgrube für Informationen.

Nicolaus, Georg: *C. G. Jung and Nikolai Berdyaev: Individuation and the Person.* New York: Routledge, 2011.
   Ein brillantes Buch über Jung und einen anderen großen Visionär des 20. Jahrhunderts.

Pagels, Elaine: *Beyond Belief. The Secret Gospel of Thomas.* New York: Random House, 2003.

–: *The Gnostic Gospels.* New York: Vintage Books, 1979.

Penfield, Wilder: *The Mystery of the Mind. A Critical Study of Consciousness and the Human Brain.* Princeton, NJ: Princeton University Press, 1975.

Penrose, Roger: *Zyklen der Zeit. Eine neue ungewöhnliche Sicht des Universums.* Heidelberg: Spektrum, 2012.

–: *Computerdenken. Des Kaisers neue Kleider oder Die Debatte um künstliche Intelligenz, Bewusstsein und die Gesetze der Physik.* Heidelberg: Spektrum, 2009.

–: *The Road to Reality. A Complete Guide to the Laws of the Universe.* New York: Vintage Books, 2007.

–: *Schatten des Geistes. Wege zu einer neuen Physik des Bewusstseins.* Heidelberg: Spektrum, 1995.

Penrose, Roger, Malcolm Longair, Abner Shimony, Nancy Cartwright & Stephen Hawking: *The Large, The Small, and the Human Mind.* Cambridge: Cambridge University Press, 1997.

Puryear, Herbert Bruce: *Why Jesus Taught Reincarnation. A Better News Gospel.* Scottsdale, AZ: New Paradigm Press, 1992.

Radin, Dean: *Supernormal. Faszinierende Beweise für die unglaublichen Kräfte des Menschen.* Amerang: Crotona, 2015.

–: *Entangled Minds. Extrasensory Experiences in a Quantum Reality.* New York: Simon & Schuster, 2006.

–: *The Conscious Universe. The Scientific Truth of Psychic Phenomena.* New York: HarperCollins, 1997.

Raine, Kathleen: *W. B. Yeats and the Learning of the Imagination.* Dallas: Dallas Institute Publications, 1999.

Ramakrishna, Sri: *The Gospel of Sri Ramakrishna.* Translated by Swami Nikhilananda. New York: Ramakrishna-Vivekananda Center, 1980.

Ring, Kenneth & Sharon Cooper: *Wenn Blinde sehen. Mindsight – Nahtoderfahrungen von Blinden.* Goch: Santiago, 2011.

Ring, Kenneth & Evelyn Elsaesser Valarino: *Was wir aus Nahtoderfahrungen für das Leben gewinnen. Der Lebensrückblick als ultimatives Lerninstrument.* Goch: Santiago, 2009.

Robinson, Edward: *The Original Vision. A Study of the Religious Experience of Childhood.* New York: Seabury Press, 1983.
   Eine schöne Untersuchung der spirituellen Erfahrungen von Kindern, in der viel von dem Hardy-Material verarbeitet wird, auf das in diesem Buch verwiesen wurde.

Rosenblum, Bruce & Fred Kuttner: *Quantum Enigma: Physics Encounters Consciousness.* New York: Oxford University Press, 2006.

Russell, Peter: *From Science to God: A Physicist's Journey into the Mystery of Consciousness.* San Francisco: New World Library, 2004.

Schrödinger, Erwin: *Was ist Leben? Die lebende Zelle mit den Augen des Physikers betrachtet.* München: Piper, 1989.

Schwartz, Stephan A.: *Opening to the Infinite. The Art and Science of Nonlocal Awareness.* Buda: Nemoseen Media, 2007.

Sheldrake, Rupert: *Der Wissenschaftswahn. Warum der Materialismus ausgedient hat.* München: O.W. Barth, 2012.

Smith, Houston: *The Way Things Are. Conversations with Huston Smith on the Spiritual Life.* Los Angeles: University of California Press, 2003.

Smoley, Richard: *The Dice Game of Shiva. How Consciousness Creates the Universe.* San Francisco: New World Library, 2009.

–: *Hidden Wisdom. A Guide to the Western Inner Tradition.* Wheaton, IL: Quest Books, 2006.

–: *Inner Christianity. A Guide to the Esoteric Tradition.* Boston: Shambhala, 2002.

Smoley führt seine Leser zu den alten Traditionen und zeigt, wie ein besseres Verständnis dieser Traditionen unserem Leben heute mehr Sinn geben kann.

Stevenson, Ian: *Children Who Remember Previous Lives. A Question of Reincarnation*. Rev. ed. Jefferson, NC: McFarland, 2001.

Sudman, Natalie: *Application of Impossible Things. A Near Death Experience*. Huntsville, AR: Ozark Mountain, 2012.

Eines der erstaunlichsten und bedeutendsten Nahtoderlebnisse, über das jemals berichtet wurde.

Sussman, Janet Iris: *The Reality of Time*. Fairfield, IA: Time Portal, 2005.

–: *Timeshift: The Experience of Dimensional Change*. Fairfield, IA: Time Portal, 1996.

Talbot, Michael: *Das holographische Universum. Die Welt in neuer Dimension*. München: Droemer Knaur, 1992.

Tarnas, Richard: *Cosmos and Psyche. Intimations of a New World View*. New York: Plume, 2007.

–: »Is the Psyche Undergoing a Rite of Passage?«, in: Singer, Thomas: *The Vision Thing: Myth, Politics, and Psyche in the World*. New York: Routledge, 2000, S. 262.

–: *The Passion of the Western Mind. Understanding the Ideas That Have Shaped Our World View*. New York: Ballantine Books, 1993.

Tart, Charles T.: *The End of Materialism. How Evidence of the Paranormal Is Bringing Science and Spirit Together*. Oakland, CA: New Harbinger, 2009.

Taylor, Jill Bolte: *My Stroke of Insight. A Brain Scientist's Personal Journey*. New York: Penguin, 2006.

TenDam, Hans: *Exploring Reincarnation*. London: Arkana, 1990.

Tompkins, Ptolemy: *The Modern Book of the Dead. A Revolutionary Perspective on Death, the Soul, and What Really Happens in the Life to Come*. New York: Atria Books, 2012.

Traherne, Thomas: *Selected Poems and Prose*. New York: Penguin Classics, 1992.

Tucker, J. B.: *Life Before Life. A Scientific Investigation of Children's Memories of Previous Lives*. New York: St. Martin's, 2005.

Uždavinys, Algis: *The Golden Chain. An Anthology of Pythagorean and Platonic Philosophy*. Bloomington, IN: World Wisdom Books, 2004.

Van Dusen, Wilson: *The Presence of Other Worlds. The Psychological and Spiritual Findings of Emanuel Swedenborg*. New York: Chrysalis Books, 2004.

Ein sehr gut lesbares Buch über Swedenborgs oft dichte und schwere Schriften und die Auswirkungen seines Lebens und seines Werks.

Van Lommel, Pim: *Endloses Bewusstsein. Neue medizinische Fakten zur Nahtoderfahrung.* München: Knaur, 2013.

Noch ein moderner Klassiker.

Von Franz, Marie-Louise: *Psyche und Materie. Berührungspunkte zwischen Physik und Psychologie.* Einsiedeln, CH: Daimon, 2012.

–: *Traum und Tod. Was uns die Träume Sterbender sagen.* München: Kösel, 1984.

Walker, Benjamin: *Beyond the Body. The Human Double and the Astral Planes.* London: Routledge & Kegan Paul, 1974.

Weiss, Brian L.: *Many Lives, Many Masters.* New York: Fireside, 1988.

Whiteman J. H. M.: *Old & New Evidence on the Meaning of Life. The Mystical World-View and Inner Contest.* London: Colin Smythe, 1968.

–: *The Mystical Life. An Outline of Its Nature and Teachings from the Evidence of Direct Experience.* London: Faber & Faber, 1961.

Wigner, Eugene: »The Unreasonable Effectiveness of Mathematics in the Natural Sciences«, in: *Communications in Pure and Applied Mathematics* 13, No. 1 (1960).

Wilber, Ken (Hs.): *Quantum Questions.* Boston: Shambhala, 1984.

Wilson, Colin: *Afterlife: An Investigation.* New York: Doubleday, 1987.

Yeats, William Butler: *Die Gedichte.* München: Luchterhand, 2005.

–: *The Collected Works of. W. B. Yeats, Volume III: Autobiographies.* New York: Touchstone, 1999.

Zukav, Gary: *Die Tanzenden Wu Li Meister. Der östliche Pfad zum Verständnis der modernen Physik – vom Quantensprung zum schwarzen Loch.* Reinbek: Rowohlt, 2012.

–: *Die Spur zur Seele.* München: Heyne, 1992.

Sach- und Personenregister

Abbott, Edwin, 150
Aborigines, 171
Achilles, 50
adamah, 14
aevum, 171
Afghanistan, 120
Ägypten, 15, 200
agon, 183f.
Alchemisten, 15ff., 94
Alzheimer, 70, 124
Anamnese, 42
Anderssein, 144
Angst, 31, 50, 65, 79, 179, 202
  Tod und, 71
Anselm von Canterbury,
  110f.
Application of Impossible Things
  (Sudman), 151
Aristoteles, 39ff., 42f.
  Logik und, 94
  Platon und, 39f., 44, 49, 55f.
Athleten, 131
Augustinus, 110

Bache, Christopher, 172
Bedeutung, 17, 25, 45, 47, 56,
  67, 69, 71ff., 95, 160f., 169,
  197
Bell, John Stewart, 92, 147

Beobachtung
  direkte, 95
  disziplinierte, 55
  innere, 101
Bestrafung, 51
Beweise, 57, 109, 111, 172
Bewunderung, 37
Bewusstsein, 22ff., 25f., 30, 39,
  57, 63, 87, 100, 102, 131f.,
  134ff., 137, 151f., 154, 164,
  190, 193, 198f., 201ff.
Bewusstseinszustände, 197, 199f.
Bibel
  Genesis, 14
  Hebräerbrief, 110f.
  Offenbarung des Johannes,
    103
  Sprüche, 85
binauraler Beat, 198
Blake, William, 86
Blumen, 92, 98, 128, 163f., 166,
  170f., 180
Böhme, Jakob, 118
Bohr, Niels, 184
Brahma, 172
Broglie, Louis de, 23
Buddha, 104, 164, 176, 180
Buddhismus, 185
Burckhardt, Titus, 10

Caduceus, 141
Campbell, Joseph, 66, 68, 183
Cave and the Light,
    The (Herman), 56
Chemie, 13, 15
Christentum, 40, 44, 48, 101,
    140
Coleridge, Samuel Taylor, 39
Corbin, Henry, 185
Crosby, Stills and Nash, 84

Dämonen, 101
Dante, 164
Dark Night, Early Dawn (Bache),
    172
»Dead Symphony«, Projekt, 196
Demeter, 45
Descartes, René, 86f., 93
Division of Perceptual Studies
    (DOPS), 136, 190
dogmatische Religion, 26, 118
dogmatische Wissenschaft, 111
Dogon, Volksgruppe, 71
Drogen, 196
Duke University, 35, 91
Durkheim, Emile, 108

Ebert, Roger, 180, 182ff.
Eccles, John C., 24
Eigensinn, 104
Einheit, 26, 144
Einstein, Albert, 104
elektrochemische Aktivität, 136
Elektronen, 13, 16
Elemente, 13f., 16, 141f., 158,
    194
eleusinische Mysterien, 45
Emerson, Ralph Waldo, 108

Emotionen, 17, 152, 154
Empyreum, 164
Engel, 66, 101, 159, 171
Entlich, Don, 83
Erasmus, Desiderius, 160
Erben, 140
Erinnerung, 38, 42, 45, 55, 59,
    132, 134f., 138, 144ff., 150,
    195, 202
erworbenes Savant-Syndrom, 135
Existenz
    Jenseits und, 53
    menschliche, 172
    physische, 49, 55
Extraordinary Knowing
    (Mayer), 77

Farther Shores (Kason), 62
Fechner, Gustav, 97
Flatland (Abbott), 150
Focused Ultrasound Surgery
    Foundation, 194
Füchse, 94ff.
Freude, 32, 37, 49, 53f., 68, 97,
    127, 135, 142, 151f., 156,
    158f., 161, 169, 173f., 178f.
Freundschaft, 17f.
Fruchtbarer Halbmond, 46
frühere Leben, 172

Galilei, Galileo, 93
Ganzheit, 164, 187
Gehirn, 9, 12, 17, 24, 51f., 64f.,
    100, 131, 149, 183, 197, 199
    Bewusstsein und, 24, 102, 132,
        134ff., 137
    binauraler Beat, 198
    Erforschung des, 201

Kleinhirn, 100
Sprache und, 201f.
Gesang/Singen, 170, 200
Geister, 151
Geistige, das
    Initiation und, 51
    Nahtoderlebnisse und, 195
    Platon und, 39
    Realität/Wirklichkeit und, 24,
        170
    Religion und, 151
    Transformation und, 64
    Wissenschaft und, 80
    Zeit und, 140
Geschenke des Himmels, 53
Glaube, 28, 37f., 56. 73, 81, 103,
    109ff., 113, 129, 150, 155f.
Glück, 59, 153, 161
Goethe, Johann Wolfgang von,
    96f., 99, 110, 151
Gold, 12, 15ff., 185
goldener Skarabäus, 72f.
Golfstrom, 115
Goswami, Amit, 25
Göttliche, das, 30, 59, 66, 164,
    175, 177, 201
Göttliche Komödie (Dante), 164
Gregorianische Gesänge, 200
Greyson, Bruce, 136, 190
Griechen (alte), 46, 49
Groll, Ursula, 102
Große Pyramide von Gizeh, 200

Hades (Gott), 45f.
Halluzination, 33, 134
Hardy, Alister, 115ff., 118ff., 126,
    129, 132, 134, 137f., 149, 186
Harvard Medical School, 35, 194

Heisenberg, Werner, 33, 35
Helden, 66ff., 107, 183
Heraklit, 10
Hering, Jean, 32
Herman, Arthur, 56
Heros in tausend Gestalten, Der
    (Campbell), 66
Herzensgüte, 17f., 104
Himmel
    Christentum und, 19
    Dante und, 164
    Geistige Welt und, 112
    höhere Regionen des, 176
    Initiation und, 51
    Kindheit und, 133, 139
    Kulturen, alte, und, 14
    Liebe und, 104
    Mystik und, 102
    Nahtoderlebnisse und, 38
    Platon und, 42
    Spirituelle, das und, 101
    Studium des, 101
    Swedenborg und, 101, 142
    Wissenschaft und, 57, 102,
        109
    Zeit und, 168
Himmelskönigin, 46
Hölle, 29, 101, 169, 186
Homer, 49f.
Homerische Hymnen, 50
Huxley, Aldous, 134, 183f.

Ibn 'Arabi, 103
Ilias (Homer), 49
Illusion, 10, 72, 92, 162, 166,
    181ff.
Inanna (Göttin), 46
Individualität, 158, 172

Initiation (Einweihung
    Identität und, 51
    Transformation und, 44
    Wiedergeburt und, 69
    Wissenschaft und, 97
Inspiration, 41, 64, 202
Institute of Parapsychology, 91
Intraoperative Magnetic Resonance Imaging (iMRI, 194
Intuition, 202
Irreducible Mind, Studie, 136
Israeliten, 46

James, Henry, 116
James, William, 115f., 134
Jeans, James, 23
Jenseits, 9, 40, 51f., 54, 97, 148
Jesus Christus, 44, 55, 57, 102, 104, 108, 113
Johannes vom Kreuz, 103, 117
Jordan, Ernst Pascual, 23
Josephson, Brian, 25
Juliana von Norwich, 160
Jung, Carl Gustav, 71ff., 160

Karma, 156, 168
Kason, Yvonne, 62ff., 79
Kelly, Edward, 136, 190
Kelly, Emily Williams, 136, 190
Khan, Hazrat Inayat, 193
Kinder, 11, 107, 119f., 132, 139f., 154f., 166, 172, 175
Klang, 30, 193ff., 196ff., 199
    Siehe auch Musik; Schwingung
Kleinhirn, 100
Kohlenstoff, 13f., 16
Koinzidenz, 83
    Siehe auch Synchronizität; Zufall

Kossi, Kevin, 190, 199
Kraft, 30, 60, 68, 108, 119, 134, 178, 189, 199
Kreise, Symbolismus der, 187
kreisende Melodie, 29, 195
Krypta, 67
Kubra, Nadschmuddin, 102f.

Landkarte von allem, 25f.
Laotse, 176
Leiden, 60, 151, 156, 160, 168, 182
Lernen, 41
LeShan, Lawrence, 87
Lewis, C. S., 144
Liebe, 59f., 68, 101, 104f., 146, 148, 167, 174, 182, 184, 189ff.
Lloyd Mayer, Elizabeth, 77ff.
Logik, 40, 66, 77, 94
Lotos, 164

Materie, 12ff., 15, 20f., 25, 87, 137, 148, 157f., 169, 176, 194, 197
materielle Welt, 71, 146, 156, 195
Medhananda, 142
Medizin, 33, 40, 57, 195
    Siehe auch Wissenschaft
    Meningitis, 29, 65, 68, 198
Metamorphosen (Ovid), 16
Mikrokosmos, 101
Moore, Saskia, 196
Muir, Edwin, 133
multidimensionale Sicht, 96
murky, Definition von, 85
Musik, 29, 37, 47, 170f., 181, 195ff.

Myers, Frederic W. H., 134, 136
Mystery of the Mind, The (Penfield),
   201
Mystik, 103

Nahtoderlebnis
   bedingungslose Liebe und, 68
   Erinnerung und, 27
   Kason und, 62
   Platon und, 41
   Schutzengel und, 68
   Sudman und, 151
   Ultra-Realität und, 145
New Science of the Paranormal,
   A (LeShan), 87
Newell, Karen, 189. 199
Newton, Isaac, 86ff., 93

Odyssee (Homer), 49f.
Om, 30, 156
Ovid, 16

Paläolithikum, 92
Palmer, David, 90
Parkinson, 124
Pascal, Blaise, 97, 99, 110, 151
Pauli, Wolfgang, 33
Paulus, heiliger, 85, 111
Penfield, Wilder, 201
Penrose, Roger, 25
Persephone, 45f.
physische Existenz, 55
Physik, 21, 24f., 100, 103, 111,
   145, 158, 169, 190, 196
Planck, Max, 20, 23
Platon
   Aristoteles und, 20, 39ff., 43f.,
      49, 56

Ganzheit und, 187
Geistiges und, 73
Jenseits und, 54
Sokrates und, 113
Präkognition, 91
Princeton Engineering Anomalies
   Research (PEAR), 199
Protagonist, 183
Psyche, 51f., 73
Psychologie, 77, 97, 117f.
Pyramide, Große, 200

Quantenebene, 148
Quantenmechanik, 22f.
Quantenphysik, 24

Ramakrishna, Sri, 106ff.
Realität
   Antike Welt und, 52
   Bewusstsein und, 24
   Geistige, das, und, 112
   Himmel und, 137
   höhere Welten und, 164, 170, 185
   Jenseits und, 152
   Kason und, 64
   Klang und, 196
   kosmische, 170
   Nahtoderlebnis und, 111
   physische Welt und, 24, 95
   Ultra-Realität, 99, 198
   unsichtbare, 132
   wahre, 134, 176
   Wesen der, 24
Reeves, George, 107
Regenwurmperspektive, 29, 195,
   198
Reiche, 29, 51, 57, 104, 145,
   175f., 195, 198f., 202

Reiki, 80
Reinkarnation, 172
Religion(en)
  diktatorische, 36
  dogmatische, 26, 28, 111, 118
  Glaube und, 150
  heutige, 140
  Mysterienreligionen, 44, 55,
    57, 96
  östliche, 175
  Spiritualität und, 151
  Weltreligionen, 118, 176
  westliche, 175,
  Wissenschaft und, 28, 54
Religious Experience Research
  Center (RERC), 116, 139
Remote Viewing (Fernwahr-
  nehmung), 111
Rhine Research Center, 91
Rilke, Rainer Maria, 168, 180
Ring, Kenneth, 65
Riten, 45, 50, 52
Robinson, Edward, 134
Rowley, Jane-Ann, 113
Rumi, Dschalal al-Din, 162

Sacred Acoustics, 199, 201
Sagan, Carl, 62
Schamanen, 67, 171
Schmerz, 15, 49, 69, 87, 151f.,
  156
Schönheit, 17f., 30, 37, 164,
  167
Schrödinger, Erwin, 23, 26
Schwingung, 30, 136, 195, 197
  Siehe auch Klang; Musik
Seelen, 12, 24, 41, 135, 147,
  189

Shakespeare, William, 9, 90, 183
Sheldrake, Rupert, 111
Singen, 170
  Siehe auch Musik
Single Vision, 86
Sinn, 54, 70ff., 73, 79, 84, 151,
  156, 158, 160f., 169
Smaragdtafel, 158
Smith, Huston, 18
Sokrates, 54, 113
Sprache, 33, 79, 84, 102, 145,
  161f., 170, 201
Stapp, Henry, 25
Strafe, 137
Sudman, Natalie, 151, 159,
  161
Suhrawardi, 103
Sumerer, 46
Superhelden, 107
Superman, 107
Suzuki, Daisetsu T., 185
Swedenborg, Emanuel, 96, 100ff.,
  103, 110, 143, 151, 185
Symmetrie, 13
Synchronisieren von Gehirn-
  wellen, 198
Synchronizität, 71f., 83

Tagesansicht gegenüber
  der Nachtansicht,
  Die (Fechner), 97
Tannous, Alexandre, 190, 196
Tanzen, 170f.
Taoismus, 176
Tarnas, Richard, 61
Taufe, 44, 69
Telepathie, 91, 111
Teresa von Ávila, 117

220

Tesla, Nikola, 25
Teufel, 169
Theorie von allem, 19f.
Thomas von Aquin, 171
Tiefe, erklärt, 10
Tompkins, Ptolemy, 190, 192
Traherne, Thomas, 140
Transformation
  Initiation und, 61
  Nahtoderlebnis und, 64
  spirituelle 64
Träume, 66, 100, 133
Traumzeit, 171
Trennung, 110, 138

Übergang, 31, 194f., 198
Ultra-Realität, 99, 198
Ultraschall, 195
University of California,
  Berkeley, 77
University of Virginia, 136, 190
Universum, 92, 96, 99, 102, 104,
  111, 138f., 141, 147, 151,
  155, 161, 167, 172, 175, 184,
  193
Unschuld, 139
Unsterblichkeit, 15f.
Unterwelt, 45f., 50

Van Dusen, Wilson, 100
*Varieties of Religious Experience,
  The* (James), 116
Verbindung, 14, 17, 35, 51, 94,
  119, 130, 133, 138ff., 169f.,
  176, 189, 200, 202
Vision(en):
  Blake und, 86
  Böhme und, 118

Descartes und, 87
Fechner und, 98
Goethe und, 96
innere Beobachtung und, 101
Kubra und, 102f.
LeShan und, 87
Mikrokosmos und, 101
Pascal und, 97
Platon und, 54
Swedenborg und, 101

Wachstum, 111, 163, 166,
  168f.
Wahrheit, 36, 47, 55, 57, 87,
  98, 102, 104f., 108, 111,
  116, 135, 146, 148, 162,
  170, 174, 182, 184, 193
Wasser, Symbolik von, 69
Whitehead, Alfred North, 54
Wiedergeburt, 47, 69, 96
  Siehe auch Taufe
Wigner, Eugene, 22
Wissenschaft/Naturwissenschaft
  Bewusstsein und, 23
  Erfahrung und, 33
  Hardy und, 115ff.
  Jung und, 73
  Medizin, 195
  Newton und, 87, 93
  Realität und, 23
  Religion und, 140
  Spiritualität und, 29
  Swedenborg und, 101
  Vision(en) und, 26
  Wissen und, 62
  Zeit und, 26, 35, 42, 92
  zwischen Glauben und Nicht-
    Glauben, 73

wissenschaftliche Methode, 94
wissenschaftliche Revolution, 94,
112

Yeats, William Butler, 152

Zeit
Illusion der, 92
lineare, 162

Musik und, 170
Raum und, 21, 23
Wissenschaft und, 26, 35, 42, 92
zeitweilige Klarheit, 135
Zen-Buddhismus, 185
Siehe auch Buddhismus
Zufall, 72, 83
Siehe auch Koinzidenz;
Synchronizität

Dr. Eben Alexander

Blick in die Ewigkeit

Als der renommierte Neurochirurg Eben Alexander
infolge einer Hirnhautentzündung ins Koma fällt, haben ihn
die Ärzte schon aufgegeben. Doch nach sieben Tagen
erwacht er wie durch ein Wunder – und berichtet von einer
der faszinierendsten Nahtoderfahrungen, die je ein Mensch
gemacht hat. Auf beeindruckende Weise rekonstruiert er dieses
Erlebnis und stellt es nach streng wissenschaftlichen
Kriterien auf den Prüfstand. Seine Untersuchungen lassen
nur einen Schluss zu: Es gibt tatsächlich
ein Leben nach dem Tod!

978-3-453-70312-4